«No sé si alguna vez dejara sintiendo tod... ...nes humanas, hasta que leí *La oración* de John Onwuchekwa. Aquí tienes un libro humano: hermoso, conmovedor, divertido, realista y pastoral. Este libro es más que una corrección a nuestras vidas de oración a menudo lánguidas. No hay en él manipulación basada en la culpa. Onwuchekwa escribe como un compañero de viaje, y como compañero de viaje sabe lo que más necesitan los viajeros: refrigerio. Aquí encontramos un estímulo que sacia la sed, para unirnos a buscar a nuestro gran Dios. Oro para que cada iglesia lea *La oración* conjuntamente; cambiará nuestras congregaciones. He aquí una cordial invitación para toda la Iglesia, llamando al pueblo de Dios a las maravillas de la oración».

Thabiti Anyabwile, pastor, Anacostia River Church, Washington, D. C.; autor, *Miembro saludable de la iglesia, ¿qué significa?*

«*La oración* es un libro excelente de mi querido amigo John Onwuchekwa. Es rico bíblica y teológicamente. También es real y honesto. ¿Quieres comenzar una reunión de oración colectiva en tu iglesia? Este libro es un muy buen punto de partida».

Daniel L. Akin, presidente, Southeastern Baptist Theological Seminary

«Todos recuerdan a esa tía o a ese tío que calmaba nuestros miedos con las palabras: "Oraremos por ello". John Onwuchekwa es esa voz para hoy, llamando a la iglesia a una de las herramientas más simples y poderosas en su arsenal: el hábito de la oración comunitaria. Él no solo quiere volver a despertar nuestros músculos de oración atrofiados; nos invita a la labor mucho más difícil de reorientar nuestras prioridades para que estén más alineadas con las de Dios. El llamado de Onwuchekwa para regresar a esas "primeras cosas" es un excelente comienzo para ver a las comunidades cristianas moverse en la misma dirección del reino».

K. A. Ellis, Canada Fellow para World Christianity, Reformed Theological Seminary

«Es probable que falte algo en tu iglesia, algo en lo que no has pensado mucho y en lo que ni siquiera te habrás fijado. Se trata de la oración. Onwuchekwa comparte razones convincentes, perspicaces y bíblicas por las que la oración colectiva debería ser una prioridad para la iglesia. Qué privilegio es orar juntos como una familia; esta es la visión que Onwuchekwa nos proyecta. Este libro tiene el potencial de transformar no solo individuos, sino también nuestras relaciones y la cultura de nuestras iglesias. Lo recomiendo encarecidamente».

Trillia Newbell, autora, *God's Very Good Idea* (Una buena idea de Dios); *Enjoy* (Disfruta); y *Fear and Faith* (Temor y fe)

«La iglesia primitiva avanzó con poder porque era una iglesia que oraba (Hch. 4:31). Si hoy en día somos tan competentes en los mecanismos del ministerio que podemos tener éxito sin el poder de lo alto, hemos fracasado. Pero si nuestras iglesias atienden hoy a este convincente llamado a la oración de John Onwuchekwa, también prevaleceremos contra todas las potestades terrenales, ¡para la gloria de Dios!».

Ray Ortlund, pastor principal, Immanuel Church, Nashville, Tennessee

«Este libro nos hace reflexionar sobre la vida de oración en la iglesia local. Onwuchekwa construye un marco teológico y luego brinda soluciones tangibles y prácticas para desarrollarlo. He tenido el privilegio de trabajar con John durante la última década, y no he visto a nadie más capaz de tomar grandes conceptos y presentarlos de una manera que sea agradable para el cuerpo de Cristo. Este libro es el resultado de su don. Toma principios bíblicos y los comunica de forma efectiva. Su trabajo en este asunto es un regalo para la iglesia».

Dhati Lewis, pastor principal, Blueprint Church, Atlanta, Georgia; director ejecutivo de Community Restoration, North American Mission Board; autor, *Among Wolves: Disciple-Making in the City* (Entre lobos: Hacer discípulos en la ciudad)

«¿Qué más podrían necesitar nuestras iglesias que un avivamiento de espiritualidad centrada en el evangelio? ¿Y qué más podríamos hacer para experimentar este avivamiento que volver a comprometernos a nutrir la comunión con nuestro Padre a través de la oración? Esta es la razón por la que estoy agradecido por este excepcional libro de John Onwuchekwa. Es una guía accesible, práctica y comprensible hacia las profundidades del enorme y glorioso privilegio de hablar con el Dios del universo».

Jared C. Wilson, director de Estrategia de Contenido, Midwestern Baptist Theological Seminary; director, Pastoral Training Center, Liberty Baptist Church, Kansas City, Missouri; autor, *Supernatural Power for Everyday People* (Poder sobrenatural para personas ordinarias)

«Tengo mucho que decir sobre este pequeño libro, porque es muy bueno. De hecho, pienso que es uno de los mejores libros de esta serie. Breve y bien escrito, este libro del pastor John Onwuchekwa considera especialmente dos secciones de los Evangelios: la oración del Padre nuestro y la oración de Jesús en el huerto de Getsemaní. Onwuchekwa comparte observaciones significativas que parecen intuitivas, pero que también son sorprendentes. Está bien ilustrado, es bíblicamente fiel y teológicamente preciso. Este libro no solo es útil para reflexionar sobre cuándo deberíamos orar, sino también sobre cómo deberíamos orar, e incluso sobre qué deberíamos orar. Nos vuelve a presentar el ignorado tema de orar juntos en la iglesia. Esperanzador e inspirador, específico y práctico, todo el libro es endulzado con toques de humor. Tú y otros podrán beneficiarse de invertir tiempo leyendo este pequeño libro sobre un tema tan grandioso».

Mark Dever, pastor principal, Capitol Hill Baptist Church, Washington, D. C.; Presidente, 9Marks

9Marks EDIFICANDO IGLESIAS SANAS

EDITADO POR MARK DEVER Y JONATHAN LEEMAN

Los ancianos de la iglesia: Cómo pastorear el pueblo de Dios como Jesús, Jeramie Rinne (2015)

La evangelización: Cómo toda la iglesia habla de Jesús, Mack Stiles (2015)

La predicación expositiva: Cómo proclamar la Palabra de Dios hoy, David Helm (2014)

La sana doctrina: Cómo crece una iglesia en el amor y en la santidad de Dios, Bobby Jamieson (2014)

La disciplina en la iglesia: Cómo protege la iglesia el nombre de Jesús, Jonathan Leeman (2013)

La membresía de la iglesia: Cómo sabe el mundo quién representa a Jesús, Jonathan Leeman (2013)

OTROS LIBROS DE 9MARKS

La iglesia en lugares difíciles: Cómo la iglesia local trae vida a los pobres y los necesitados, Mez McConnell y Mike McKinley (2017)

La comunidad atractiva: Donde el poder de Dios hace a una iglesia atrayente, Mark Dever y Jamie Dunlop (2017)

El pastor y la consejería: Los fundamentos de pastorear a los miembros en necesidad, Jeremy Pierre y Deepak Reju (2016)

¿Qué es una iglesia sana?, Mark Dever (2016)

¿Soy realmente cristiano?, Mike McKinley (2014)

El evangelio y la evangelización personal, Mark Dever (2013)

¿Qué es el evangelio?, Greg Gilbert (2012)

LA ORACIÓN

CÓMO
ORAR JUNTOS
MOLDEA LA
IGLESIA

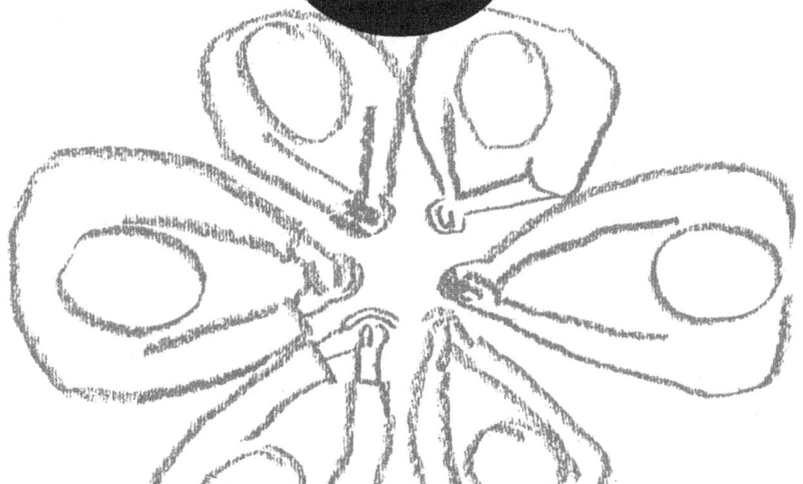

JOHN ONWUCHEKWA

IX 9Marks
www.9marks.org

La oración: Cómo orar juntos moldea la iglesia
Copyright © 2020 de 9Marks para la versión en español

Publicado en España por Editorial Peregrino, SL
Ctra. La Atalaya, 38-B, 13005 Ciudad Real, España
www.editorialperegrino.com
info@editorialperegrino.com

Publicado por primera vez en inglés en 2018 por Crossway, un ministerio editorial
de Good News Publishers, 1300 Crescent Street, Wheaton, Illinois 60187, bajo el
título *Prayer: How Praying Together Shapes the Church.* Copyright © 2018 por John
Onwuchekwa.

Todos los derechos internacionales reservados por 9Marks
525 A Street NE, Washington DC 20002
Ninguna parte de esta publicación puede ser reproducida, almacenada en un sistema
de recuperación, o transmitida en cualquier forma o por cualquier medio, electrónico,
mecánico, fotocopiado, de grabación u otro, sin el permiso del que publica.

Diseño de la cubierta: Darren Welch
Adaptación de la cubierta: Rubner Durais
Ilustración: Wayne Brezinka
Traducción: Nazareth Bello
Revisión: Olmer Vidales y Patricio Ledesma
Edición: Gerardo Montemayor

Las citas están tomadas de la Versión Reina-Valera 1960 © Sociedades Bíblicas Uni-
das, excepto cuando se cite otra. Usada con permiso.
LBLA= La Biblia de las Américas © La Fundación Bíblica Lockman. Usada con permiso.
NVI = Nueva Versión Internacional © Sociedad Bíblica de España. Usada con permiso.

9Marks ISBN: 978-1-955768-00-9

Para mi madre, quien me enseñó a orar.
Para mi padre, quien fue un modelo de la valentía
que provenía de la oración.
Para mi esposa, Shawndra, mi compañera de
oración de toda la vida.
Para Ava, eres el fruto maduro tras una larga
temporada de oraciones sembradas.
Para Cornerstone Church, su fe y amor han
aumentado mi fe y amor.

ÍNDICE

PRÓLOGO ACERCA DE LA SERIE

¿Crees que es responsabilidad tuya ayudar a que tu iglesia crezca de forma sana? Si eres creyente, creemos que sí lo es.

Jesús te ordena hacer discípulos (Mt. 28:18-20). Judas te exhorta a edificarte sobre la fe (Jud. 20-21). Pedro te llama a utilizar tus dones para servir a los demás (1 P. 4:10). Pablo te ruega que sigas la verdad en amor para que tu iglesia pueda madurar (Ef. 4:13, 15). ¿Entiendes porqué afirmamos que es responsabilidad tuya?

Tanto si eres miembro de la iglesia o líder de la misma, los libros de la Serie «Edificando Iglesias Sanas» tienen como meta ayudarte a cumplir con estos mandamientos bíblicos para que así colabores en el sano crecimiento de la iglesia local. En resumen, deseamos que estos libros te ayuden a amar más a tu iglesia, tal y como Jesús la ama.

9Marks ha producido un libro corto y de agradable lectura acerca de cada una de lo que Mark Dever ha llamado las nueve marcas o características de la iglesia sana: la predicación expositiva, la teología bíblica, el evangelio, la conversión, la evangelización, la membresía de la iglesia, la disciplina en la iglesia, el discipulado, y el liderazgo de la iglesia.

Las iglesias locales existen para mostrar la gloria de Dios a las naciones. Y esto lo hacemos fijando nuestros ojos en el evangelio del Señor Jesucristo, confiando en él para salvación y, amándonos unos a otros con la misma santidad de Dios, su unidad y su amor. Es nuestra oración que el libro que tienes en tus manos te ayude a ello.

Con nuestros mejores deseos,

Mark Dever y Jonathan Leeman
Editores de la serie

INTRODUCCIÓN

Si tuvieras que visitar la mayoría de iglesias el próximo domingo, ¿qué encontrarías?

Escucharías música y cánticos. La música podría ser estruendosa o escasa, las canciones nuevas o antiguas. Sin embargo, la estructura básica sería casi idéntica, ya sea que estés en Billings, Montana o en Atlanta, Georgia.

Habría una especie de sermón, el cual podría ser temático, breve y, por lo general, ligero. O podría ser expositivo, largo y, por lo general, serio. Dependiendo del domingo, podrías ver un bautismo, participar en la Santa Cena, o unirte a una lectura bíblica colectiva.

Pero, ¿sabes lo que probablemente no verías mucho? ¿Aquello en lo que no participarías demasiado?

La oración.

No quiero decir que nadie hablará con Dios. Pero seguramente las oraciones serán breves y escasas, algunas palabras rápidas mientras los músicos y los predicadores suben y bajan del escenario.

Seguramente serán bíblicas, pero difusas, enfocadas en las promesas generales de Dios para un subconjunto indeterminado de personas. Seguramente sean informativas, pero territoriales, raramente yendo más allá de las necesidades inmediatas de aquellos que están lo suficientemente cerca para oír. Seguramente sean emocionalmente intensas, provenientes de corazones de personas que verdaderamente tienen un deseo genuino de comunicarse con su Dios.

El asunto es que las oraciones no se ralentizarán para permanecer en la gloria de Dios, sus atributos y su carácter. No meditarán sin prisa en su Palabra. No pedirán a los oyentes que estudien sus propios corazones y confiesen pecados específicos. No le pedirán ayuda a Dios para que haga lo que solo él puede hacer: salvar a los perdidos, alimentar a los hambrientos, liberar a los cautivos, dar sabiduría a los líderes mundiales, reparar instituciones rotas, sostener a los cristianos perseguidos.

Esto es un problema, y parece que muchas iglesias simplemente no se dan cuenta de lo poco que oran cuando se reúnen, o lo poco que sus oraciones reflejan el gran corazón de Dios. Recuerdo la descripción de John Stott de una reunión de oración que visitó. ¿Te suena familiar?

> Recuerdo hace algunos años haber visitado una iglesia de incógnito. Me senté en la última fila… Cuando llegó el momento de la oración pastoral, esta fue dirigida por un hermano laico,

porque el pastor se encontraba de vacaciones. Así que él oró para que el pastor pudiera tener unas buenas vacaciones. Bueno, eso está bien. Los pastores deberían tener buenas vacaciones. En segundo lugar, oró por una mujer miembro de la iglesia que estaba a punto de dar a luz, para que pudiera tener un parto sin complicaciones, lo cual está bien. En tercer lugar, oró por otra mujer que estaba enferma, y luego terminó. Eso fue todo. Duró veinte segundos. Me dije: es una iglesia de pueblo con un Dios de pueblo. No tenían ningún interés por el mundo exterior. No pensaban en los pobres, los oprimidos, los refugiados, los lugares de violencia y la evangelización mundial.[1]

Es posible que lo descrito aquí por Stott sea una realidad en muchas iglesias: oraciones de pueblo para dioses de pueblo.

He escuchado a Mark Dever decir que deberíamos orar tanto en nuestras reuniones de la iglesia hasta tal punto que los inconversos se aburran. Hablamos demasiado con un Dios en el que no creen.

Tal vez esa sea una hipérbole, pero ciertamente nosotros —como cristianos y como miembros de la iglesia *al mismo tiempo*— deberíamos tener mejores oraciones, más grandes y bíblicas.

En una frase, ese es el objetivo de este libro: aprender cómo orar más y mejor como iglesia. Así como nuestras vidas privadas

---

1   John Stott en *Ten Great Preachers* (Diez grandes predicadores), ed. Bill Turpie (Grand Rapids, MI: Baker, 2000), 117.

de oración pueden mejorar por la gracia de Dios, igualmente pueden mejorar nuestras vidas de oración colectiva.

EL CAMINO QUE HAY POR DELANTE

Ningún libro de oración puede decir todo lo que hace falta decir sobre la oración. Además, una vida de oración fructífera se cultiva con la práctica constante, no con la comprensión de proposiciones. No obstante, al emprender juntos este viaje, quiero asegurarme de que eres consciente del destino que pretendo alcanzar. Espero que este libro sea una guía y un trampolín que te ayude a disfrutar del increíble regalo de la oración que tenemos *como iglesia*.

De todos los libros que se han escrito sobre la oración, este tiene un propósito muy específico: examinar cómo la oración moldea la vida de la iglesia. Mucho se ha escrito sobre la oración como una disciplina individual. Pero no se ha escrito mucho de la oración como una actividad necesaria y colectiva que moldea a las iglesias locales, ya sea por su presencia o ausencia (aunque el libro *Praying Together* [Orar juntos] de Megan Hill es de ayuda [Crossway, 2016]).

Piensa en este libro como si ofreciera algunas piezas cruciales que faltaban en un rompecabezas ya armado de quinientas piezas sobre el tema de la oración. Soy el beneficiario de otros que han hecho el arduo trabajo de ensamblar la mayor parte del cuadro.

Permíteme darte un adelanto de lo que abordaremos en este libro. El capítulo 1 presentará nuestro problema: la falta de oración colectiva. El capítulo 2 ofrecerá un camino a una solución. Nos tomaremos algo de tiempo para entender qué queremos decir con *oración*, para que podamos avanzar juntos.

Los capítulos 3 y 4 examinan cómo Jesús habló sobre la oración, lo que nos brinda un modelo. El capítulo 5 pasa de las verdades proposicionales sobre la oración a examinar la poderosa práctica de la oración de Jesús en medio de la crisis.

La última parte del libro, los capítulos 6 al 8, será más práctica. Habiendo establecido los beneficios de la oración como cuerpo y cómo esta moldea a la iglesia, estos capítulos abordarán cómo incorporar la oración en la vida de una iglesia. Trataremos varios temas: la oración en la adoración colectiva, las reuniones de oración, y cómo la oración colectiva moldea tanto nuestra misión corporativa como nuestra búsqueda de la diversidad.

En el apéndice, señalaré otros libros sobre la oración que te ayudarán a ver el cuadro completo. Solo sugeriré unos pocos libros porque es mucho más fácil leer sobre la oración que orar verdaderamente. Solo quiero darte lo suficiente para despertar tu apetito, pero no demasiado para no distraerte del verdadero trabajo de orar.

Espero que tomes este libro por su valor, y que tu iglesia pueda florecer a través de una oración colectiva robusta y regular.

1

RESPIRA OTRA VEZ

El problema de la falta de oración

ORAR ES RESPIRAR

Bueno, aquí estás leyendo otro libro sobre la oración. Quizá el último que leíste no te hizo sentir lo suficientemente culpable y te gusta el castigo. ¿De qué sirve un libro sobre la oración sin una cita inicial que revele tus deficiencias como orador? Sin más preámbulo, ahí va: «Ser un cristiano sin oración es imposible, ¡como estar vivo sin respirar!».[1]

Dejando de lado todas las bromas, es posible que esta sea la declaración más potente y desafiante que haya leído jamás sobre la oración. Respirar —como una metáfora para la oración cristiana— ilustra bastante bien lo que debería ser la oración. Nos recuerda que la oración es algo esencial para nuestra existencia. Respirar es necesario para todo lo que hacemos. Posibilita cada actividad. Igualmente, la oración es básica y vital. Está vinculada

---

1 La prueba de omnisciencia de Google falló aquí. Aparentemente, solo Dios sabe dónde se originó esta cita. Algunos dicen que es de Martín Lutero, otros dicen que Martin Luther King Jr. Al ver cómo MLK fue nombrado en honor a Martin Lutero, atribuyámoslo a ambos.

a nuestra existencia presente y resistencia perpetua. Orar es respirar. No existe mejor metáfora para describir lo que debería ser la oración para el cristiano.

Por esto es tan desconcertante ver las luchas que muchos cristianos tienen con la oración. ¿No es extraño que tantos cristianos crean en esta verdad en principio, pero que tan pocas iglesias la ratifiquen en la práctica?

Nuestro problema no es cómo hablamos sobre la oración. Hablamos de ella con todo el fervor y la elocuencia que se merece. Nuestro problema es cómo tratamos la oración. Nuestra práctica no concuerda con nuestras proclamaciones, lo cual es siempre una señal de que algo está mal (véase Santiago 2).

Una ausencia absoluta de oración en la iglesia no es un problema común. Quizá alguna iglesia por ahí nunca ore en absoluto, pero no asumo que esto pase en la tuya. No conozco tu iglesia, pero apuesto que en ocasiones se reúnen para orar. La oración puede ser escasa y esporádica, pero tiene lugar.

Y ahí radica lo que considero que es el mayor problema: no la completa falta de oración, sino muy poca oración. Aquí tienes otra declaración para mostrar más de estas inseguridades relacionadas con la oración: «Así llegamos a uno de los grandes males de estos tiempos, quizá de todos los tiempos: poca o ninguna oración. De estos dos males, quizá la poca oración es peor que ninguna oración. La oración escasa es una especie de hacer creer, un subterfugio para la conciencia, una farsa y un engaño. Lo poco que ponemos en la oración queda evidenciado por el poco tiempo que le dedicamos».[2]

Cuando la oración es escasa y esporádica, cuando se practica solo lo suficiente para aliviar la conciencia y no mucho más, tenemos un problema. Todos hemos formado parte de iglesias en las que hay oración, pero esta no tiene propósito ni es poderosa. Desafortunadamente, nuestras oraciones en la iglesia a menudo se asemejan a las oraciones que hacemos antes de comer: obligatorias y respetables, pero nadie saca mucho provecho de ellas. Nuestras oraciones en la iglesia quedan reducidas a una herramienta para pasar de una actividad a otra. Hacemos que todos cierren sus ojos e inclinen sus cabezas, para que la transición en la que el equipo de alabanza sube y baja del escenario no sea tan incómoda.

¿Ves el peligro que hay en orar demasiado poco? Cuando la oración está presente, está diciendo algo; habla, grita. Le enseña a la iglesia que *verdaderamente* necesitamos al Señor. Cuando la oración está ausente, se refuerza la suposición de que estamos bien sin él. La oración infrecuente le enseña a la iglesia que Dios es necesario solo en situaciones especiales; bajo ciertas circunstancias, pero no en todas. Le enseña a la iglesia que la ayuda de Dios es necesaria de forma intermitente y no en todo tiempo. Lleva a la iglesia a creer que hay muchas cosas que podemos hacer sin la

---

2   E. M. Bounds, *E. M. Bounds on Prayer* (E. M. Bounds sobre la oración) (Peabody, MA: Hendrickson, 2006), 118.

ayuda de Dios y que solamente necesitamos molestarle cuando nos encontramos en situaciones especialmente difíciles.

Reflexiona conmigo por un momento en los graves acontecimientos raciales que bombardearon a los Estados Unidos durante el verano de 2016. En una semana, nuestra nación fue testigo de las muertes de Philando Castile, Alton Sterling y cinco oficiales de policía en Dallas. La gente se posicionó en bandos, y cada bando tenía algo por lo que llorar. Con este trasfondo, muchas iglesias se reunieron como un cuerpo para orar por sus comunidades, iglesias, líderes y nación. Algunas iglesias se reunieron con iglesias de distintas líneas denominacionales. Por una temporada, nuestras oraciones parecieron potentes, intensas y llenas de propósito. Clamábamos: «Dios, ¡necesitamos tu ayuda!».

Sin embargo, cuando pasó la crisis, estas oraciones colectivas cesaron. Esto es revelador, ¿no es cierto? Demuestra que vemos la oración como algo especial, diseñado para encargarse de las cosas que no podemos «manejar» por nuestra cuenta. No vemos la oración como respirar. La vemos como una prescripción médica diseñada para librarnos de una infección. Una vez que la infección desaparece, también lo hace la frecuencia y el fervor de nuestras oraciones.

UN MOMENTO DE HONESTIDAD

Permíteme ser brutalmente honesto por un minuto. Ya que no tengo que mirar a ninguno de ustedes a los ojos, me siento un poco más valiente para admitir mis faltas. Si te pareces en algo a mí, y leer un libro sobre la oración te hace sentir como un fracasado, entonces debes saber que escribir un libro sobre la oración me hace sentir como un hipócrita. Seré el primero en admitir que no soy un experto en la oración. No me siento especialmente competente en ello. No pondría «poderoso hombre de oración» en mi currículo. Me cuesta orar, siempre ha sido así. Siento que mis oraciones son débiles a menudo.

Digo esto porque he visto a personas que son poderosas en la oración, y sé que no soy una de ellas. Mi mamá sí lo es. Recuerdo verla llegar a casa del trabajo todos los días y saludarnos brevemente de camino a su habitación. En aquellos días, cuando la puerta de su habitación estaba rota, miraba por la hendidura y la veía ponerse de rodillas junto a su cama para orar. Cuando salía, era una persona diferente, y lo hacía *cada día*. Hasta el día de hoy, no me deja colgar una llamada telefónica hasta que haya orado por mí. Y si se le olvida, llama de nuevo y deja un mensaje de voz. Mi papá era igual. Así que cuando plantaron una iglesia en 2001, esa iglesia heredó su ADN de oración de la misma manera que los hijos del matrimonio Onwuchekwa heredaron sus narices.

Mis padres y los pastores, predicadores y autores que más me han influenciado han sido todos poderosos hombres y mujeres de oración. Ellos hacen que mis mejores intentos de oración den vergüenza. Sé lo que es ser un guerrero de oración —si me permites usar ese término— porque lo he visto de primera mano, no porque yo haya sido un ejemplo a lo largo de mi vida cristiana. Durante la mayor parte de mi caminar, he visto mi deficiencia en aquellas cualidades que admiro.

MI PUNTO DE INFLEXIÓN

Hace algunos años, ocurrió algo terrible y maravilloso al mismo tiempo. Seis semanas antes de plantar la iglesia que actualmente pastoreo, mi hermano de treinta y dos años falleció repentinamente. No hubo explicación. Sin causa de muerte. Sin nada concluyente en la autopsia. Nada de violencia. Simplemente se fue. Por primera vez en mi vida, sentí que me habían quitado todo el aire. No podía respirar. Si alguna vez te ha faltado el aire, sabes lo complicado que se vuelve todo. Pero por la gracia de Dios, esta tragedia fue lo mejor que pudo ocurrir para mi relación con el Señor y nuestra iglesia. Dios usó una situación terrible para empezar algo maravilloso en mí.

Estoy llorando ahora mismo por primera vez en muchos meses. Creía que había superado la muerte de mi hermano, pero mi corazón se enternece increíblemente cuando pienso en ello. Hablando literal y figuradamente, perder el aire fue la herramienta que Dios utilizó para ayudarme a entender que la oración *es* respirar.

Mi filtro se desvanecía mientras mi lengua se desbordaba en oración. Estaba al mismo tiempo impactado y aliviado, avergonzado y enojado por las palabras que salían de mi boca. Llamé a Dios mentiroso y le dije que parecía cruel e insensible. Entonces, en la misma frase, le pedí que me cubriera con su gracia. Sentía desprecio, ira y odio. Y se lo dije, no pude evitarlo. Las palabras seguían saliendo. Sentía que el dolor era como un suero de la verdad que me forzaba a confesar todos mis pensamientos indignos de él. Y él lo recibió todo. Corrigió mi visión negativa, no con palabras de represión, sino con palabras de consuelo.

Mientras me ahogaba en la pena, él vaciaba mi tanque de oxígeno para obligarme a subir en busca de aire. Cuando me acerqué a él, no me encontré con la frialdad que merecía, sino con unos brazos abiertos. Sea lo que sea que hacía antes, no era orar. Era algo formal, frío, estéril, ensayado y repetitivo. Por primera vez en mi vida, sentí que sabía lo que era orar, hablar con Dios. Cuando presenté las preocupaciones de mi corazón —cada una de ellas— me encontré con un Dios que no tenía tanto miedo de tomar esas preocupaciones, como yo de compartirlas.

Dios transformó los últimos alientos de mi hermano en algunos de mis alientos iniciales. Como resultado, toda mi vida cambió. Y esto forzó un giro en la iglesia para cuyo liderazgo me estaba preparando. Por la gracia de Dios, esta tragedia, y otras muchas adversidades que nuestra iglesia experimentó al principio, ayudaron a reforzar esta verdad a menudo olvidada: la oración es vital y necesaria para la vida espiritual. La oración *es* como respirar.

LA CLAVE PARA UN MINISTERIO EFECTIVO

He pastoreado dos iglesias durante la última década y me he involucrado con redes, organizaciones, seminarios, colectivos y otros grupos de cristianos. Me he sentado junto a líderes visionarios que tienen iglesias llenas de grandes sistemas. También me he sentado junto a líderes que no son visionarios, y que tienen iglesias con sistemas pobres. He trabajado en el ministerio con individuos dotados, personas con dones comunes, y personas con muy pocos dones o habilidades. He cooperado con iglesias atrayentes, iglesias misionales, mega iglesias, iglesias medianas e iglesias pequeñas. A lo largo de mi experiencia, he aprendido que estas distinciones no son lo más importante; son periféricas y secundarias. Si tuviera que trazar una línea para crear dos categorías de iglesias, no seguiría estas distinciones. He aprendido a ver a las iglesias como iglesias que oran e iglesias que no oran. Como explicaré más adelante, el compromiso de una iglesia con la oración es uno de los factores más determinantes de su efectividad en el ministerio.

La oración es oxígeno para el cristiano. Nos sostiene. Por consiguiente, la oración debe ser una fuente de vida para cualquier comunidad de cristianos. La oración es para la iglesia lo mismo que para las personas: es respirar. Sin embargo, muchas de nuestras reuniones podrían compararse a personas que se reúnen solo para contener su respiración colectiva. Esto explicaría por qué las personas parecen tener tan poca energía para vivir verdaderamente la vida cristiana.

Pero respirar juntos es lo que nuestras iglesias necesitan. La oración nos humilla como ninguna otra cosa. Cuando oramos, recordamos que la oración no es como otras disciplinas en el mundo que requieren una aptitud impresionante y un ejercicio incrementado para producir grandes resultados. Por ejemplo, si alguien espera ser premiado o compensado por tocar un instrumento, primero debe alcanzar un nivel de experiencia tras años de práctica. Los grandes resultados surgen de un régimen riguroso y a largo plazo. No hay recompensa inicial para novatos de cualquier tipo.

La oración no funciona así porque los grandes resultados no vienen como consecuencia directa de un régimen y una experiencia estricta. Los grandes resultados provienen de nuestro Gobernante lleno de gracia, el gran Galardonador y Galardón de su pueblo que lo invoca.

Muchos grandes logros en la oración provienen de aparentes aprendices. Abraham estuvo ante Dios, y Dios se dispuso a escuchar su oración para perdonar al pueblo entre el que su sobrino residía (Gn. 18:22-33). Moisés se encontró con Dios en una zarza ardiente, y poco después intercedió exitosamente por Israel (Éx. 32:31-34). En los cuarenta días siguientes a la resurrección y ascensión de Jesús, los discípulos comenzaron a orar de manera diferente. Dejaron de orar por su supervivencia y se dedicaron a orar más por su fidelidad y denuedo para presentar el evangelio (comp. Mr. 8:31-34; Hch. 4:23-31; 5:40-41). Dios recompensa las oraciones de los novatos, lo que anima a la oración constante en las vidas de su pueblo.

Si la oración es como respirar, entonces no se trata de nuestra experiencia. Se trata de experimentar el poder de Aquel a quien oramos. Se trata de las grandes expectativas que crecen en nuestro interior cuando tenemos una experiencia genuina del Dios que oye y responde. No necesitamos expertos, y eso es de gran ánimo para las iglesias que están llenas de muchos miembros e incluso pastores que se sienten como novatos. He experimentado la belleza de oraciones débiles que se encuentran con un Salvador dispuesto. Nuestra iglesia también lo ha experimentado. Se parece mucho a tomar la primera bocanada de aire tras haberte quedado sin él. La experiencia hace que anheles tomar otra bocanada de aire, y otra más y otra más.

SOBRE ESTE LIBRO

Este libro no hablará mucho sobre la oración en la vida del cristiano individual. Existen obras mejores y más completas para ello. Este libro es sobre la oración en la vida de la iglesia y, en lo que respecta a la oración colectiva, ¿qué necesitan nuestras iglesias además de ánimo?

Como alguien que ha ayudado a liderar iglesias de diferentes tamaños, presupuestos y vecindarios, he tenido una amplia gama de relaciones con otros cristianos y pastores. Por mi variada experiencia, he llegado a la convicción de que la oración es una de las claves más vitales para un ministerio exitoso. La oración es tan necesaria como respirar. No pretende reemplazar la labor, sino hacerla posible. Si queremos ver a nuestras iglesias crecer en su fidelidad hacia Dios, entonces nuestras iglesias deben orar como si sus vidas dependieran de ello. Debemos aprender cómo respirar juntos.

Mi oración es que este libro no tenga una vida muy duradera. Existen clásicos cristianos maravillosos que nunca perderán su relevancia hasta que Cristo vuelva. Pero oro para que pronto —y muy pronto— un libro como este tenga tan poco mercado como supongo que tendría un libro titulado *Cómo respirar con tu familia en la cena.*

Mi oración es que algún día este libro sirva más para edificación cuando nuestra energía mengüe, y no tanto para persuadirnos de que nuestras energías deben dedicarse en primer lugar a la oración colectiva. Oro para que clamar de forma regular, ferviente y colectiva a nuestro Padre sea algo tan habitual y esperado que dé risa que alguien haya dedicado tiempo para escribir un libro sobre este tema. Espero que esto ocurra algún día. Pero dado que ese día no es hoy, comencemos juntos este viaje y oremos para que Dios lo bendiga.

2

UNA CLASE MAGISTRAL

Enséñanos a orar

NECESARIO ≠ NATURAL

En 2017, mi esposa y yo recibimos una llamada telefónica que cambiaría nuestras vidas. Durante diez años habíamos intentado tener un bebé y durante cinco años intentamos adoptar. La llamada de teléfono llegó un sábado, y el lunes ya habíamos adoptado a nuestra hija.

La buena noticia fue que finalmente teníamos aquello por lo que habíamos estado orando. La mala noticia fue que ella nació prematuramente, unos dos meses antes de lo esperado, y no podía respirar por sí sola. No pudimos llevarnos a nuestra bebé a casa. Tuvo que quedarse en el hospital algunas semanas, conectada a una máquina para aprender a respirar.

Respirar, precisamente lo necesario para sostener su vida, no sucedía de manera natural para ella. Lo mismo ocurre con nosotros y la oración. «Ser un cristiano sin oración es imposible, como estar vivo sin respirar», sigue siendo verdad. Pero solo porque algo sea necesario para la vida no significa que se dé naturalmente. Fue así con la respiración de mi hija, y lo mismo sucede con nuestra respiración espiritual.

Piensa a lo largo de la Biblia en casos de personas que debían orar y lo fácil que fue para ellos evitarlo.

Por ejemplo, Adán y Eva. Después de desobedecer a Dios y ser librados de una muerte inmediata, nuestro Dios lleno de gracia vino e inició una conversación con ellos. En aquel momento, podían haber admitido su debilidad y pedirle ayuda a Dios, pero no lo hicieron. En cambio, trataron de redirigir el juicio de Dios hacia alguien un poco más «merecedor».

Caín tuvo una conversación cara a cara con Dios después de haber sido descubierto, pero tampoco admitió su debilidad ni suplicó misericordia. En el Salmo 32, David admite que le resultaba tan natural como destructivo permanecer en silencio por su pecado en lugar de orar. En Marcos 14, los discípulos se dieron cuenta de que al postrarse, es mucho más fácil dormir que ofrecer súplicas a Dios. Aquel que más necesita de la oración descubre que es algo antinatural.

ENSÉÑANOS A ORAR

Una de las secuencias de diálogo más irónicas en la Escritura es cuando los discípulos le piden a Jesús que les enseñe a orar (Lc. 11:1). Lo irónico no es el hecho de que le pidieran a Jesús que les enseñara algo. Jesús era Dios. Era sabio y constantemente se referían a él como Rabí y Maestro. Esta petición llama la atención porque es el único registro en la Escritura en el que los discípulos le piden a Jesús que les enseñe.

Cuando se trataba de los poderosos hechos y milagros de Jesús, los discípulos se maravillaban de cómo podía calmar los vientos y las olas. Se asombraban cuando Jesús sanaba ciegos, echaba fuera demonios y hacía que cojos caminaran. Pedro no preguntó cómo hizo Jesús para caminar sobre el agua. Hizo una petición y procedió a intentarlo.

Cuando Jesús envía a los setenta y dos en Lucas 10, no da instrucciones paso por paso sobre cómo tratar la lepra o echar fuera demonios. Da imperativos: sanen a los enfermos y proclamen el Reino. Ninguno de los discípulos dice: «Pero Jesús, estaba dormido el día que explicaste cuánta saliva se debe usar al sanar a un ciego, o qué se debe hacer cuando encontramos a un ciego de nacimiento en contraste con alguien que se ha quedado ciego en el transcurso de su vida». Ellos reciben el mandato de Jesús con calma y van, y regresan regocijándose de que realmente funcionó.

Incluso al enfrentarse a su incapacidad, como cuando fracasan al echar fuera al demonio en Marcos 9, lo discípulos no le dicen a Jesús: «Enséñanos a hacer eso». En su lugar, dicen: «¿Por qué nosotros no pudimos?». Buscan un diagnóstico de sus errores, no una prescripción de cómo hacerlo correctamente.

Pero cuando se trata de la oración, los discípulos le dicen a Jesús: «Enséñanos» (Lc. 11:1). Dicen efectivamente: «Necesitamos aprender. Sabemos cómo hablar con nuestros amigos. Sabemos incluso cómo hablar contigo cuando estás aquí. Pero la oración parece algo diferente, y es algo que no sabemos hacer».

Jesús responde con instrucciones que sintetizan cómo la Biblia habla de la oración (véase Mt. 6:9-13; Lc. 11:2-4). Jesús sabe cómo hacer las cosas manejables. Toma los 613 mandamientos del Antiguo Testamento, y los resume en unas pocas palabras simples: ama a Dios y ama a los demás. También hace lo mismo con la enseñanza de la Biblia sobre la oración. En unas pocas estrofas, proporciona un fundamento para todas nuestras oraciones.

PONGAMOS UN FUNDAMENTO: ¿QUÉ ES LA ORACIÓN?

Veremos dichas estrofas en los próximos dos capítulos. Por ahora, simplemente preguntamos: ¿qué es la oración? Se dice que «las definiciones siempre deben ser el punto de partida para que… dos personas entren en una discusión con sentido».[1] Sabemos que la oración es necesaria y que no se nos da de manera natural. Al igual que los discípulos, necesitamos que se nos enseñe cómo orar. Pero no nos sirve hablar de la oración, y de cómo esta moldea a

---

1   James R. Estep Jr., Michael J. Anthony, y Gregg R. Allison, *A Theology for Christian Education* (Teología para una educación cristiana) (Nashville: B&H, 2008), 6.

la iglesia, si primero no podemos ponernos de acuerdo en lo que es la oración.

Podrías decir: «Esto parece una pérdida de tiempo. Todos saben lo que es la oración. Ni siquiera tienes que ser cristiano para saber lo que la oración es». No tan rápido. A veces las palabras más comunes son las más difíciles de definir.

¿Cuán a menudo has usado la palabra *entonces*? Nadie nunca te detiene a mitad de una frase para pedirte que clarifiques tu uso de *entonces*. Parece una palabra que no necesita ser definida. Pero adelante, defínela (sin un diccionario o Google).

¿Ves lo que quiero decir? Es una palabra que es más fácil usar que definir. En ocasiones, las palabras más comunes causan mayor confusión, y la *oración* no está exenta.

Abundan las definiciones para la oración. Aquí se presentan algunas:

La oración es hablar con Dios. Solo habla con Dios como lo harías con tu mejor amigo. No tienes que aprender a hablar con Dios. Solamente hazlo.

La oración es exigirle algo a Dios. La oración es nuestro decreto y exigencia para que Dios haga lo que nosotros queremos que haga. Es luchar con él hasta que nos dé lo que queremos. Dios se hace el difícil solo para ver cuánto deseamos aquello por lo que oramos. Tenemos que exigir lo que queremos de él. Debemos nombrarlo y pedirlo.

La oración es alinear nuestra voluntad con la de Dios. La oración no consiste en conseguir algo de parte de Dios o hacer que él actúe. Él sabe lo que necesitas y ya ha determinado si te lo va a dar o no. La oración realmente tiene que ver con alinear tu voluntad con la suya. La oración es más para ti que para Dios.

La oración es un deseo encaminado en la dirección de Dios. La oración no es más que buenos deseos cuando oyes sobre una tragedia, o un pensamiento de buenos deseos cuando escuchas que alguien está esperanzado por un resultado.

La oración es alguna combinación de todas estas cosas.

¿Quién está en lo correcto? No podemos simplemente conformarnos con cualquier definición. Necesitamos la correcta. ¿Por qué? Porque la mala interpretación conduce a la mala aplicación.

¿Alguna vez escuchaste la historia sobre un chico que le obsequió a su madre un costoso loro por el Día de la Madre? Pagó $10 000 por un loro que podía hablar cuarenta idiomas y cantar algunos himnos. Le envió el pájaro a su mamá y no supo nada por algunos días. Nervioso por si a ella no le gustó el ave, llamó a su madre y le preguntó: «¿Qué te pareció el pájaro?», a lo que ella respondió: «¡Fantástico!». Lleno de orgullo, el hijo preguntó:

«¿Cuál fue tu parte favorita?». Ella contestó: «Los muslos. Estaban deliciosos». Interpretación incorrecta, aplicación incorrecta.

LO QUE LA ORACIÓN NO ES

Por razones de tiempo, no podremos abordar cada una de las definiciones, pero hablemos brevemente de algunas formas comunes en que las personas piensan sobre la oración.

Éxodo 33:11 nos dice que Moisés habló cara a cara con Dios como un hombre habla con un amigo. Creo que es posible construir una teología defectuosa de la oración basada en una aplicación incorrecta de este versículo. Aunque en parte orar es hablar con Dios como lo harías con un amigo, esta definición por sí misma es una simplificación excesiva.

Jesús era Dios hecho hombre. Por tanto, cada vez que los discípulos tenían una conversación con Jesús, estaban hablando con Dios como lo harían con cualquier otra persona. Si la oración significara meramente hablar con Dios, y Jesús era Dios, entonces ¿no deberíamos ver cada conversación que alguien tuvo con Jesús como una oración? No creo que Jesús lo viera de esa manera.

Cuando Felipe le pide a Jesús que les muestre al Padre, Jesús responde: «El que me ha visto a mí, ha visto al Padre» (Jn. 14:9). Jesús parece decir: «No busquen más. Si me han visto a mí, han visto a Dios» (véase He. 1:3). Sin embargo, cuando los discípulos le piden a Jesús que les enseñe cómo orar, no responde del mismo modo. No dice: «Bueno, si han hablado conmigo, han hablado con el Padre». En cambio, les da instrucciones. Les da un modelo de cómo dirigirse a alguien distinto a la persona que está ante ellos: «Padre nuestro...» (Mt. 6:9-15; véase también Lc. 11:1-4).

Si bien la oración es más que una conversación casual con nuestro Creador, está lejos de ser una forma de hacer que Dios dé su brazo a torcer para conseguir lo que queremos. Dios es todopoderoso. No podemos torcer su brazo. Es demasiado fuerte. No podemos negociar con él más de lo que mi hija bebé puede hacerlo conmigo; ella no posee nada que yo necesite o desee. No podemos exigirle nada a Dios porque es imposible que alguien sin necesidades sea coaccionado.

¿Ves lo que quiero decir en cuanto a la dificultad de entender lo que es la oración? No es tan fácil como las definiciones con las que pudimos haber crecido y dado por sentado.

INVOCAR EL NOMBRE DEL SEÑOR

Estaré siempre en deuda con el libro de Gary Millar, *Calling on the Name of the Lord: A Biblical Theology of Prayer* (Invocar el nombre del Señor: Teología bíblica sobre la oración). Su libro es simplemente una respuesta a la pregunta: ¿qué es exactamente la oración? Él busca el hilo conductor que entreteje cada ejemplo de oración desde Génesis hasta Apocalipsis, para crear una definición bíblica de la oración que sea específica y a la vez completa. Esta es su conclusión: la oración es «invocar a Dios para que cumpla su promesa».[2]

El primer caso de oración que se registra en la Biblia ocurre en Génesis 4, fuera del huerto de Edén: «Y conoció Adán otra vez a su mujer; y ella dio a luz un hijo y le puso por nombre Set, porque, dijo ella: Dios me ha dado otro hijo en lugar de Abel, pues Caín lo mató. A Set le nació también un hijo y le puso por nombre Enós. Por ese tiempo comenzaron los hombres a invocar el nombre del Señor» (Gn. 4:25-26, LBLA).

Invocar el nombre del Señor es más que solo decir su nombre en voz alta. A lo largo de la Biblia, el nombre del Señor es sinónimo de la naturaleza del Señor. Invocar su nombre es apelar a su carácter. Es un grito de ayuda, como cuando alguien exclama: «¡Llama al 911!». No preguntamos: «Al llamar al 911, ¿cuál crees que debería ser la naturaleza de la conversación?». Llamar al 911 es solicitar ayuda basados en lo que el 911 *es*; un número de emergencia. Lo mismo es cierto cuando invocamos el nombre del Señor.

Génesis 4:26 es lo que Millar llama un versículo que «soporta carga».[3] Las paredes que no son de carga pueden ser derribadas sin comprometer la integridad estructural de una casa. Por otro lado, las paredes de carga no pueden derribarse sin que la casa colapse.

---

2   Gary Millar, *Calling on the Name of the Lord: A Biblical Theology of Prayer* (Invocar el nombre del Señor: Teología bíblica sobre la oración), New Studies in Biblical Theology (Downers Grove, IL: InterVarsity Press, 2016), 27.

3   Millar, *Calling*, 26.

El versículo 26 lleva esta clase de carga pesada cuando se trata de entender lo que significa orar. Nos ayuda a construir un marco para cómo debemos entender la oración, ya que es la primera vez en la Biblia que vemos a personas invocando el nombre del Señor.

Aquí está el trasfondo de este versículo. En Génesis 1 y 2, Dios crea un mundo perfecto, y coloca a Adán y a Eva para que se relacionen con él y reflejen su gloria en toda la creación. En Génesis 3, Adán y Eva son engañados por la serpiente, y deciden reemplazar a Dios en lugar de reflejarlo. Cuando Dios los confronta por su pecado, Adán culpa a Eva, y Eva culpa a la serpiente.

Entonces Dios comienza a hablar. ¿Qué es lo que dice? En Génesis 3:15 (otro versículo que soporta la carga), pronuncia una palabra de promesa. Un día, la simiente de la mujer aplastará a la serpiente. La mujer tendrá un hijo que derrotará a este engañador. Aunque Adán y Eva pecaron, Dios preserva por gracia sus vidas y promete que un día restaurará las cosas a través de su Hijo.

Por tanto, Génesis 4 es esperanzador al inicio. Adán y Eva tienen un hijo, y creen que su primogénito es la promesa de Dios cumplida. Le ponen por nombre Caín, que quiere decir «adquirido». Asumen que es la simiente del pacto de la cual se testificó en Génesis 3:15. No obstante, cuando Caín vuelve con la sangre de su hermano en sus manos, es desterrado por Dios, y resulta evidente para todos que él no era la simiente prometida de la que Dios hablaba.

El resto de Génesis 4 es una genealogía de los descendientes de Caín que finaliza con un pariente distante llamado Lamec. Más asesinatos se producen en la familia de Caín, y ahora Lamec se jacta de que ha superado a su tatarabuelo. Ahí es cuando entran los versículos 25 y 26.

Adán y Eva tienen otro hijo, Set, quien marca un contraste. Estas personas quieren que Dios cumpla su promesa, incluso si ese día no es hoy. Cuando la gente empieza a invocar el nombre del Señor, «invocan a Dios para que cumpla su promesa» de que un hijo revertirá la maldición y vencerá a la serpiente.[4]

Juan Calvino afirma: «La oración en la Biblia está íntimamente vinculada al evangelio; la solución prometida y provista por Dios al problema de la rebelión humana en su contra y sus consecuencias. La forma evangélica de la oración es evidente desde las primeras páginas de la Biblia —y particularmente en Génesis 4:26, cuando las personas por primera vez comienzan a "invocar el nombre de Jehová"— hasta el final, cuando la iglesia ora: "Ven, Señor Jesús"» (véase Ap. 22:20)».[5] Entonces, en un sentido, la oración dice: «¿Ya llegamos, Dios? Por favor, cumple las cosas que prometiste hacer». La oración en la Biblia está vinculada a la esperanza de redención y, por consiguiente, al evangelio.

---

4   Millar, *Calling*, 27.

5   Juan Calvino en Millar, *Calling*, 15–16.

LA ORACIÓN: LA PRESCRIPCIÓN DE DIOS PARA LA VIDA EN UN MUNDO CAÍDO

Piensa en la oración como la prescripción de Dios para la vida en un mundo caído. Esta prescripción funciona como cualquier otra. Imagina que te recetan un medicamento para un dolor que te ha estado molestando. Puede que salgas de la oficina del doctor solo con una hoja de papel, pero algo cambia. ¿Qué hace que sonrías incluso cuando tu enfermedad actual es grave y tus circunstancias no han cambiado? Una palabra: *esperanza*. Una prescripción no es el medicamento en sí. Simplemente te conecta con la medicina. Es posible que tu enfermedad todavía te moleste, pero la prescripción te recuerda que tu enfermedad es temporal porque has encontrado una solución.

Al igual que una prescripción, la oración alivia nuestras inquietudes antes de remediar nuestras circunstancias. Considera el Salmo 13. No estamos seguros de la circunstancia exacta que llevó a David a escribir este salmo, pero todo el que lo lee ha tenido experiencias similares.

El Salmo 13 comienza con la depresión de David: «¿Hasta cuándo Jehová? ¿Me olvidarás para siempre? ¿Hasta cuándo esconderás tu rostro de mí?» (v. 1). Pero al final, David celebra su liberación: «Cantaré a Jehová porque me ha hecho bien» (v. 6). El salmo solo consta de seis versículos. ¿Por qué pasó David de la depresión a la liberación tan rápido? No porque sus circunstancias cambiaron, sino porque entregó sus preocupaciones a Dios, pidiéndole que hiciera lo que dijo que haría, y confió en que así sería.

David aprendió que la oración se trata más de: «¿Lo harás? ¿No lo harás?», que de: «¿Cuándo lo harás?». Aunque comienza preocupado por el tiempo de Dios, al final del salmo decide regocijarse en el Dios que lo ama y lo rescatará. El carácter y las promesas de Dios preservaron el gozo de David, aun cuando sus circunstancias todavía no habían cambiado. Como una prescripción, la oración proveyó la esperanza que David necesitaba para perseverar: Dios ha hecho una promesa y él siempre cumple sus promesas.

EL ÁNIMO DE JESÚS

No hay nada que te haga más humilde que pedirle a alguien que te enseñe a hacer algo. Afortunadamente, Jesús no dedica tiempo a criticar a sus seguidores, sino que los edifica, destacando los muchos incentivos de la oración. Por medio de sus parábolas y otras historias, Jesús resalta lo que nos estamos perdiendo cuando no oramos.

Cuando enseña sobre la oración, Jesús, lleno de gracia, nos recuerda que Dios no nos ve como una cámara observa a alguien que comete un crimen, sino como un jefe encubierto que recompensa a un empleado que hace algo bien. Combina esta verdad con el recordatorio de Jesús de que las oraciones no se miden por su duración, sino por su fuerza, y todas nuestras inseguridades deberían desaparecer. Las instrucciones de nuestro Señor nos dejan sin excusas para no orar, y nos dan todo el ánimo para orar a la luz de nuestra esperanza.

LA FORMA ECLESIAL DE LA ORACIÓN

Esta esperanza la comparten todos los cristianos. Es la esperanza que gobierna nuestras vidas (véase 1 Ti. 4:10; Tit. 1:1-2; 2:11-14; 3:4-7). Esto significa que la esperanza del cristiano es *nuestra*, no solo mía. Como dice Mark Dever: «Es imposible responder la pregunta: "¿Qué es un cristiano?", sin terminar en una conversación sobre la iglesia, al menos en la Biblia lo es».[6] Si la oración se aferra a la esperanza que compartimos en Cristo, entonces la oración debería reflejar nuestra unidad en Cristo. Si la oración tiene forma de evangelio, entonces la implicación es que debe tener forma de iglesia.

En este libro no veremos cada ejemplo de oración en la Biblia, sino que pasaremos la mayor parte de nuestro tiempo en dos de ellos. Esto no quiere decir que los otros no sean importantes, simplemente es para ayudarnos a entender cómo debería ser la oración como patrón y en la práctica. ¿Y qué mejor modelo de oración tenemos que el que provee nuestro Señor Jesús? Su instrucción y ejemplo nos ayudarán a construir un marco que nos permitirá entender mejor la oración y sus implicaciones colectivas.

---

6   Mark Dever, *What Is a Healthy Church?* (¿Qué es una iglesia saludable?) (Wheaton, IL: Crossway, 2007), 26.

3

EL MUNDO ES TUYO

Una familia liderada

Este es nuestro problema: la falta de oración es un suicidio espiritual. Por tanto, lo que sugiero es que oremos más. Lo sé, nada de otro mundo. Pero antes de que podamos orar más, debemos saber qué queremos decir con *oración*. ¿Cómo aprendemos una definición bíblica de la oración? Por gracia, Jesús nos enseña.

Estos dos próximos capítulos examinarán las dos partes del modelo de Jesús para la oración cristiana. Esto sentará la base para que entendamos la necesidad de la oración colectiva y cómo esta moldea a la iglesia.

PRIORIDADES POR ENCIMA DEL PROCESO: COMIENZA A APRENDER CÓMO ORAR

Jackson, mi sobrino de dos años, no sabía que existían los pasteles hasta su primer Día de Acción de Gracias, cuando nuestros vecinos trajeron uno. Toda su vida cambió. Un paladar previamente acostumbrado a la leche de fórmula, puré de frutas y verduras, crayones, tierra y combinaciones de todo lo anterior, ahora había sido expuesto a una mezcla de sabores que eran diferentes para él. Poco después de deducir que el nombre de este nuevo placer era *pastel*, se dio cuenta de que podía conseguirlo, bajo pedido, de su ingenuo tío, si simplemente pronunciaba la palabra de un modo demandante: «¡Pastel! ¡Pastel!». Cada vez que nos visitaba, la primera palabra que salía de su boca era: «¡Pastel!». Yo, por supuesto, cedía y se lo daba… hasta que mi esposa intervino.

«Jackson, si quieres pastel, así no es como se pide. Si quieres pastel, debes decir: "Pastel, por favor"». Desde ese momento, empezamos un catecismo con el pequeño Jackson. Cada vez que exigía: «¡Pastel!», respondíamos: «Jackson, ¿cómo se pide pastel?», a lo que él respondía rápidamente: «¡Pastel, por *favó*!». Le enseñamos a Jackson el proceso correcto para obtener lo que quería. No cuestionamos lo que él deseaba.

Jesús aborda la oración de manera diferente. No corrige nuestro problema con el proceso, como mi esposa y yo lo hicimos. Él aborda nuestro problema con las prioridades. J. C. Ryle afirma: «Dime cuáles son las oraciones de un hombre, y rápidamente te diré el estado de su alma».[1] Cuando Jesús nos enseña a orar, no comienza enseñándonos cómo pedir. En cambio, nos enseña qué

---

1   J. C. Ryle, *A Call to Prayer: With Study Guide* (Llamado a la oración: Con guía de estudio) (Pensacola, FL: Chapel Library, 1998), 35, Kindle.

pedir. Nos da nuestras prioridades antes de darnos el proceso. Así que es allí donde empezaremos.

PADRE NUESTRO: LA ORACIÓN EMPIEZA CON ABRAZAR RELACIONES

Las dos primeras palabras de la oración del Padre Nuestro —«Padre nuestro»— son tan importantes como familiares (Mt. 6:9). Pero no dejes que su familiaridad te impida ver su significado. La oración comienza con abrazar no solo una relación, sino *relaciones*. Estamos acostumbrados a pensar en la oración relacionándola con Dios de forma personal e individual, pero es más que eso.

Aunque practicar la oración de modo aislado puede parecer una buena protección contra la tentación de impresionar a otros con nuestras oraciones (Mt. 6:5), orar siempre y solamente por nuestra cuenta puede ser reaccionar más allá de lo necesario. Desde la alimentación a los cinco mil (Jn. 6:10-11) hasta la resurrección de Lázaro de los muertos (Jn. 11:41-44), incluyendo la entrada en el huerto de Getsemaní (Mt. 26:36), Jesús a menudo involucraba a otros en sus oraciones. Ciertamente no deberíamos intentar impresionar a los demás con nuestras oraciones, pero siempre deberíamos involucrarlos en nuestras oraciones.

¿Por qué? Porque somos una familia. Dios no solo es mi Padre, sino «Padre nuestro». Estas dos palabras nos recuerdan que somos tanto hijos de Dios como hermanos unos con otros. La oración nunca tuvo como propósito ser un mero ejercicio personal con beneficios personales, sino una disciplina que nos recuerda cómo somos personalmente responsables de otros. Esto significa que cada vez que oramos, deberíamos rechazar activamente una mentalidad individualista. No somos solo individuos en una relación con Dios, sino parte de una comunidad de personas que tienen el mismo acceso a Dios. La oración es un ejercicio colectivo.

En caso de que pienses que me estoy inventando esto, observa que a lo largo del Sermón del Monte (Mt. 5-7), Jesús tiende a usar pronombres singulares al hablarle a la multitud sobre la moralidad. Sus instrucciones sobre la lujuria (5:29-30), el adulterio y el divorcio (5:32-33) y la venganza (5:39-42) son todas en singular. Pero al hablarle a esta misma multitud de la oración, todos sus pronombres son plurales (6:9-13). Esto no es un desliz gramatical. Esto es Jesús instruyéndonos.

Somos familia porque tenemos el mismo Padre. Antes de pedir cualquier cosa en oración, se nos recuerda que Dios no solamente es nuestro Juez y Gobernante soberano. También es nuestro Padre. Jesús murió como el sustituto por nuestro pecado para justificarnos —declararnos justos— en el tribunal de Dios. Pero nos justificó para poder adoptarnos en su familia.[2] Esto significa que cuando nos acercamos a Dios, no tenemos nada que temer.

---

2   J. I. Packer profundiza en esto en su capítulo «Sons of God» («Hijos de Dios») en *Knowing God* (Conocer a Dios) (1973; reimpr., Downers Grove, IL: InterVarsity Press, 1993).

¿Ves lo asombroso que es esto? Nuestro Padre escucha e inclina su oído a nosotros (Sal. 5:1-3). Nuestro Padre nos muestra compasión a pesar de nuestros fallos y debilidades (Sal. 103:13). Nuestro Padre nos cubre con su amor, aun cuando merecemos su ira (Ro. 8:1, 15). Nuestro Padre cuida de nuestras necesidades y nos da buenos regalos (Mt. 6:8; 7:11; Stg. 1:17). Nuestro Padre incluso nos disciplina con amor para nuestro bien (He. 12:5-11). ¡Qué privilegio es llamar a Dios «Padre nuestro»!

J. I. Packer lo expresa mejor:

> Si quieres juzgar qué tan bien una persona entiende el cristianismo, averigua cómo valora la idea de ser hijo de Dios, y tener a Dios como su Padre. Si este no es el pensamiento que impulsa y rige su adoración, sus oraciones y toda su percepción de la vida, entonces no entiende el cristianismo nada bien. Porque todo lo que Cristo enseñó, todo lo que hace que el Nuevo Testamento sea nuevo, y mejor que el Antiguo, todo cuanto sea distintivamente cristiano, en oposición a lo judaico, se resume en el conocimiento de la paternidad de Dios. «Padre» es el nombre cristiano para Dios.[3]

A lo largo de mi vida he tenido la bendición de observar muchos padres grandiosos. El mío es mi héroe. Pero durante la

---

3   Packer, *Knowing God*, 201.

última década, he visto a dos padres excepcionales que fueron co-pastores conmigo. Ambos son padres de hijos con autismo. Lo que el mundo ve como una imperfección o una responsabilidad no disminuye la abundancia del amor que ellos tienen por sus hijos. Los he visto amar incondicionalmente a sus hijos, pasando ampliamente el punto en el que muchos otros hombres se frustran con sus hijos.

Esta es la bendición de la paternidad de Dios para nosotros. No es para los que son perfectos o pertenecen a una élite, ni nada parecido. Ninguno de nosotros es el atleta estrella, el emprendedor exitoso o el artista articulado que los otros padres envidiarían tener. Más bien somos el hijo pródigo que desperdicia la dignidad que Dios nos ha dado en cosas que no satisfacen. Somos hijos que necesitan desesperadamente un Padre dispuesto a dar constantemente amor incondicional porque continuamente fallamos en todas las condiciones. Solo Dios puede ser esta clase de Padre para nosotros.

El mismo Dios que prepara nuestros corazones para orar, inclina su oído para oírnos. Este es uno de los grandes incentivos para orar. Tienes a alguien que realmente escucha por completo. Ninguna dolencia o defecto podría hacer que nos evite. Nuestro Padre tiene su oído inclinado a nosotros y desea escucharnos incluso ahora. No sé cuánto tiempo ha pasado desde que oraste, pero hay algo de lo que estoy seguro: él escucha, y es mejor oyente de lo que podríamos imaginar jamás.

Cuando oramos «Padre nuestro», recordamos su cercanía, su sabiduría, su paciencia y su cuidado. El tiempo no nos permite hablar del número ilimitado de aplicaciones de esta verdad, pero simplemente sé consciente de esto: Dios nos llama, primero que nada, a abrazar nuestra relación con él como Padre.

QUE ESTÁS EN LOS CIELOS: EL ENTENDIMIENTO DE SU PODER

Nuestro Padre está «en los cielos» (Mt. 6:9). Comenzamos la oración con más que cálidos sentimientos de abrazar nuestras relaciones con nuestro Padre y unos con otros; empezamos con la seguridad establecida de preguntar a alguien que está en la cima de la jerarquía. Cuando los autores bíblicos hablan del cielo, no solo se refieren a un lugar o ubicación, sino que también se refieren a una declaración de poder. Cuando decimos que Barack Obama estuvo en la Casa Blanca, nos referimos a más que su dirección. Queremos decir que él ocupó el cargo más alto en el país. Tenía poder. Esto es lo que los autores de la Biblia quieren indicar al decir que nuestro Padre está en los cielos.

Piensa en el Salmo 115:3: «Nuestro Dios está en los cielos; todo lo que quiso ha hecho». Seguramente, cuando la humanidad «amenazó» el gobierno de Dios al construir una torre que llegaría «al cielo» (Gn. 11), Dios tuvo que bajar algunos escalones para ver lo más alto de estas torres. Luego exhibió su poder y confundió sus idiomas, dispersando a las personas sobre la faz de la tierra. Cuando oramos, nos estamos aferrando a la omnipotencia de Dios. Él está en control. No necesita el permiso de nadie ni es coaccionado por nadie. Nadie puede detener sus planes. ¡Nuestro Padre que está en los cielos es poderoso! Su plan siempre triunfa.

UNÁMOSLO TODO: DIOS ES TAN COMPASIVO COMO PODEROSO

«Padre nuestro que estás en los cielos» establece el trasfondo de nuestras oraciones (Mt. 6:9). Estas primeras siete palabras nos invitan a orar porque nos enseñan que Dios es tan compasivo como poderoso. Él puede hacer cualquier cosa. Y dado que la muerte sacrificial de Jesús hace que los cristianos sean parte de su familia, sabemos que él escucha y tiende a responder favorablemente a lo que pedimos. No existe un tribunal de apelación que pueda deshacer las decisiones que él toma. Contamos con la atención del ser más poderoso en y sobre el universo. Él lo ve todo, lo sabe todo, lo dirige todo.

Por tanto, la pregunta es esta: si tuvieras la atención y el favor del ser más poderoso del universo, ¿qué pedirías? ¿Una mayor devolución de impuestos al final del año? ¿Buenas noticias en tu siguiente visita al doctor? Saber que el ser más poderoso en el mundo está dispuesto a responderme favorablemente, me emociona y estoy seguro de que a ti también. No te conozco, pero estoy seguro de que tus peticiones no serían exactamente iguales a las mías. Somos criaturas complejas con preocupaciones y problemas complejos, pero es probable que algo esté cargando tu corazón ahora mismo. Lo que le pides a Dios esta semana puede afectar a la próxima.

¿Cómo debería el conocimiento del poder y la compasión de Dios impactar nuestras oraciones? En primer lugar, debería hacernos valientes. A. W. Tozer lo expresó así: «La oración une a Dios y al hombre que ora en uno, y dice: "Dios es omnipotente y el hombre que ora es omnipotente —por el momento— porque está en contacto con la omnipotencia"».[4] ¿Entiendes que esta clase de poder está a tu disposición en la oración? Esto es lo que Jesús quiere que sepamos.

En segundo lugar, debería hacernos humildes. El autor de Eclesiastés instruye: «No te des prisa con tu boca, ni tu corazón se apresure a proferir palabra delante de Dios; porque Dios está en el cielo, y tú sobre la tierra; por tanto, sean pocas tus palabras» (5:2). Dios no está aquí solo para conceder deseos ni para patrocinar la idolatría. Dios nos sirve, pero él existe para su gloria. Nosotros existimos para él, no al revés. En la oración, abrazamos la postura correcta de anhelar su gloria antes que su provisión.

---

4   A. W. Tozer, *Prayer* (Oración) (Chicago: Moody, 2016), 175.

LA PRESENCIA DE DIOS > LA PROVISIÓN DE DIOS

En la oración del Padre Nuestro (Mt. 6:9-13), Jesús nos ayuda a entender dónde deberían empezar nuestras oraciones. Tras establecer que Dios es nuestro Padre —tan compasivo como poderoso— Jesús nos recuerda que el poder de Dios busca hacer avanzar sus planes, no los nuestros. Jesús nos muestra que la oración cristiana comienza con desear la presencia de Dios antes que su provisión.

Todas las peticiones al inicio del Padre nuestro están dirigidas hacia Dios. Observa:

> Padre nuestro que estás en los cielos,
> santificado sea *tu* nombre.
> Venga *tu* reino.
> Hágase *tu* voluntad,
> como en el cielo, así también en la tierra. (Mt. 6:9-10)

Esto elimina al hombre del centro del cuadro. Desplaza nuestras necesidades y deseos, recordándonos que las cosas más importantes en la oración no son las que Dios nos da por medio de sus posesiones, sino lo que Dios da a través de su presencia. A lo largo de la Biblia, las personas que obtuvieron paz y seguridad en esta vida, fueron personas que anhelaron la presencia de Dios más que sus posesiones. Jesús nos enseña esto en sus tres primeras peticiones.

Primera petición: El honor de Dios

«Santificado sea tu nombre» (Mt. 6:9) podría traducirse mejor para nuestros oídos como: «Oro para que tu nombre sea honrado». En el Antiguo Testamento, cuando la gente vivía en contra de la voluntad y el diseño de Dios, se consideraba que sus obras malvadas profanaban el nombre de Dios. Orar «santificado sea tu nombre» significa estar más preocupado por el bien de la reputación de Dios en el mundo que por tu propia reputación. Es orar para que Dios mismo proteja su nombre de ser difamado y oscurecido, para que las personas no acepten una imagen errada de él o rechacen una imagen distorsionada de él. El nombre de Dios es santo. Nada puede cambiar esa realidad. Simplemente le pedimos que obre en el mundo para que su nombre sea tratado como tal.

La gloria de Dios ha llegado al mundo en la persona de Jesús. Por tanto, «santificado sea tu nombre» significa orar para que todos respondan apropiadamente a Jesús. El mundo en el que vivimos está tan poco impresionado con Dios como quien que se queda sentado cuando la novia camina hacia el altar. Esto se debe a que están ciegos a la gloria de Dios revelada en Jesús (véase 2 Co. 4:3-6). Así pues, comenzamos la oración suplicando que la gloria de Dios sea vista y presentada en la persona de Jesús. La hermosura de esta petición es que le estamos pidiendo a Dios que haga lo que él ya quiere hacer.

Esta petición marca la pauta para el resto de la oración. Todo lo que le pidamos a Dios debe fluir de este deseo que lo consume todo.

Segunda petición: La venida del reino de Dios

«Venga tu reino» (Mt. 6:10) es una oración por el éxito del evangelio en el mundo. Sabemos que el evangelio nos ha cambiado, así que rogamos que el reino de Dios se extienda mediante la expansión del evangelio hasta los confines del mundo.

Estamos cansados del mundo en el que vivimos, y anhelamos algo mejor. Queremos experimentar la plenitud de las bienaventuranzas. Deseamos estar donde se reconozca y adore el gobierno de Dios. Dios ha prometido que esto ocurrirá, y su promesa aviva nuestro anhelo. Cuando un padre promete a su hija que la llevará a Disneyland, la niña sabe que este viaje no es una cuestión de si se hará, sino de cuándo. En su ansia de recibir el cumplimiento de la promesa de su padre, ella pregunta constantemente: «¿Cuándo iremos? ¡Lo prometiste!». Así es para nosotros orar «venga tu reino».

No podemos servir a dos señores. Igualmente, dos reyes —nosotros y Dios— no pueden coexistir. El gobierno y las ambiciones de alguno tienen que morir. Como cristianos, nuestra voluntad ha muerto, y esto es glorioso porque la nuestra nos hubiera matado (Gá. 2:20). Orar «hágase tu voluntad, con en el cielo, así también en la tierra» nos unifica porque nos ayuda a desear su reino. Nos guarda de competir por un puesto, de desear establecer pequeños reinos nuestros.

Tercera petición: Hágase tu voluntad

«Hágase tu voluntad, con en el cielo, así también en la tierra» (Mt. 6:10) desarrolla más la segunda petición para que el reino de Dios venga. Anhelamos ver que Dios reine aquí en la tierra al igual que ya reina en el cielo. No queremos que la gente se someta reticentemente al gobierno de Dios. Queremos que se sometan gozosamente porque están convencidas de que él es bueno. Oramos para que se cumpla la voluntad de Dios en la tierra como sea que él determine, incluso si esto significa nuestro sufrimiento, sacrificio y muerte.

Establecer el reino de Dios en la tierra significa desplazar reinos inferiores, que es lo que las iglesias hacen a través de su obra evangelística. Al fin y al cabo, las iglesias locales son avanzadillas del reino de Dios. Por tanto, orar para que se haga su voluntad significa orar para que Dios continúe estableciendo su obra evangelística por medio de las iglesias locales.

Esta oración para que la presencia de Dios sea vista y disfrutada es bastante sorprendente para un mundo que prefiere que Dios sea un Padre ausente que solo envía un gran cheque de manutención mensual. Ya que somos pecadores, preferiríamos que Dios nos dé nuestras peticiones sin exigir nada a cambio. Nos encanta establecer los planes, pero Jesús nos enseña aquí que la presencia de Dios precede a su provisión. Su voluntad es mucho mejor que la nuestra.

Cuando nuestras iglesias locales oran y viven a la luz de estas tres primeras peticiones, resulta atractivo al mundo que observa porque reflejamos una imagen diferente de cómo es Dios. Le muestra al mundo cuán inefectivos son sus reinos. Fortalece nuestro testimonio.

EL VERDADERO PROBLEMA: LA APATÍA, NO LA AUSENCIA

Cuando empezamos a orar de esta manera, recordamos algunas cosas. Primero, el mundo existe como un lienzo para la gloria de Dios. Segundo, lo que más necesitamos es que Dios arregle lo que está mal. El verdadero problema no es la ausencia de Dios en el mundo; él es omnipresente. El verdadero problema es nuestra apatía hacia la presencia de Dios, que se manifiesta a través del egocentrismo y la preocupación por uno mismo. Esto a su vez desplaza nuestra capacidad de amar y honrar a otros; especialmente a Dios quien nos creó.

¿Cuán a menudo te encuentras incapaz de comer, dormir o concentrarte porque estás muy frustrado por la manera en que el nombre de Dios está siendo lastimado? ¿Con qué frecuencia te encuentras en angustia hasta el punto de orar, por el hecho de que el reino y los propósitos de Dios son menospreciados? ¿Forma esto parte de tus oraciones diarias? ¿Ves la ausencia de la honra de Dios como el principal problema del mundo? ¿De tu matrimonio? ¿De tu iglesia? Jesús nos enseña a clamar a Dios por estas cosas, no porque él necesite ayuda para hacerlo, sino porque nosotros necesitamos ayuda al desearlo. Nuestra voluntad entra en conflicto con la voluntad de Dios porque nuestros afectos chocan con los suyos. Y nuestros afectos son lo que finalmente moldean nuestra voluntad, especialmente en la oración.

Es fácil y natural orar por nuestro honor, por nuestros reinos y propósitos. ¿Cómo respondes cuando eres lastimado, deshonrado y despreciado? Tus afectos a menudo se revelan con más claridad cuando estás enojado. Es natural para nosotros orar: «Dios, ayúdales a tratarme con el respeto y la dignidad que merezco». Cuán fácil es invocar a Dios cuando sentimos que las circunstancias amenazan nuestros reinos y proyectos personales. ¿Cuándo te encuentras más airado y molesto con Dios? Si te pareces en algo a mí, esto sucede cuando sientes que él ha hecho algo que se contrapone a tu voluntad. En esencia, oramos: «Dios, permite que todo salga como yo quiero, por favor. Ayúdame a construir mi propio reino».

Las oraciones buenas y las oraciones malas no se diferencian tomando como base su moralidad. Dios no solo dice no a las oraciones que solicitan ayuda para robar un banco. Es posible orar por cosas que son buenas y aceptables y, aun así, pedirle efectivamente a Dios que financie nuestra idolatría. Nuestro egocentrismo es como la gravedad; nos empuja hacia abajo. Jesús nos enseña a apuntar más alto. Él quiere que nuestras oraciones se eleven.

DIOS NO ES UN GENIO

Al orar para que las prioridades de Dios se establezcan en nuestros corazones, rechazamos la noción falsa de que Dios es un genio que cumple todos nuestros deseos. No soy un experto en lo que a genios se refiere, pero las películas y los programas de televisión con genios nos muestran algo interesante: a nadie le cuesta hablar con su genio como a los cristianos les cuesta hablar con Dios en oración. No se olvidan de pedir cosas. No ven las conversaciones con sus genios como un último recurso. Nadie tiene problemas con hablar con su genio porque un genio siempre concede la petición del solicitante. El genio tiene un trabajo: hacer prosperar la voluntad de aquel a quien está vinculado.

Pero cuando oramos como Jesús enseñó, recordamos que la presencia y la persona de Dios son preciosas, mucho más preciosas que su provisión. Dios establece su voluntad, y eso es lo mejor para nosotros. Por tanto, al orar así juntos, él nos convierte en una comunidad de personas que confiesan que nuestra dependencia de él *no* es principalmente circunstancial. Necesitamos a Dios *siempre* y, antes que nada, nuestro gozo proviene de la presencia de Jesús, independientemente de lo que obtengamos en términos de provisión material. ¿Y sabes qué? A medida que esta verdad se cimienta en nuestros corazones a través de la oración, Dios en su bondad nos concede una experiencia mayor en su presencia.

El Padre Nuestro es sobrenatural. Es cierto, cualquiera puede repetir las palabras, pero solo quienes han sido cambiados internamente desean verdaderamente lo que se pide. Las palabras no son un conjuro mágico y recitarlas en voz alta no es el objetivo. Es probable que los propietarios de esclavos recitaran la frase de la Declaración de Independencia: «Todos los hombres son creados iguales», cientos de veces. Repetir palabras no hace ningún bien. Jesús no está creando loros, sino oradores.

Si realmente sabes lo que significa llamar a Dios tu Padre, entonces quieres que su gloria se propague a cada rincón de la tierra. Ninguna otra petición es lo suficientemente grande.

Y recuerda, le estamos pidiendo que haga lo que él ya quiere hacer.

UNA FAMILIA UNIDA

Es fácil para las iglesias caer en competencias y conflictos (véase Stg. 4:1-4). Una comunidad de personas pecaminosas, no completamente santificadas, que viven en proximidad cercana, dará lugar a problemas. Una comunidad cristiana diversa tiene una diversidad de afectos, que pueden llevar a una diversidad de visiones.

No obstante, estos conflictos caen por la borda cuando oramos como Jesús enseñó.

Si la preocupación principal de tu vida es engrandecer tu nombre, te sentirás incómodo en una comunidad cristiana. Al fin y al cabo, es inevitable no resultar ofendido. Pero si tu preocupación principal es engrandecer el nombre de Dios —haciendo avanzar su honor, su reino y su propósito en el mundo— entonces la presencia del pecado en tu comunidad, tal vez incluso el tuyo, ofrece una oportunidad para hacer avanzar su voluntad mediante una respuesta según Cristo.

¿Puede el nombre de Dios ser glorificado ante la injusticia? Absolutamente. Cuando Jesús murió injustamente en la cruz, un centurión romano honró el nombre de Jesús (Mr. 15:39). Jesús mismo reflejó la misericordia de Dios al orar: «Padre, perdónalos». Así, incluso nuestras pruebas sirven para que mostremos el perdón de Dios y así honrar su nombre.

Jesús establece la prioridad para nuestras oraciones. Cuando las iglesias se reúnen y oran alineadas con el «Padre nuestro», recordamos este deseo compartido: que el Rey de reyes venga y reine. Nos ayuda a dejar de competir por puestos, para suplicarle a Dios que tome su justo lugar en nuestra iglesia y el mundo. Recalibra nuestras brújulas y sincroniza nuestros relojes, a fin de que todos vayamos en la misma dirección. Trae unidad. Nos recuerda que, sin importar nuestra circunstancia —si somos ricos o pobres, viejos o jóvenes, casados o solteros, mayoría o minoría— todos necesitamos lo mismo: la preciosa presencia de Dios.

4

SOUL FOOD
Una familia alimentada

SOUL FOOD: UNA COMIDA JUNTOS

Una de mis mayores frustraciones en la vida es la *soul food*[1] comercializada. Habiendo vivido en Atlanta durante casi una década, puedo hablar de esto con cierto nivel de experiencia. Atlanta está llena de lugares que intentan ofrecer a las personas la comida que desean sin el inconveniente de una larga espera. Teóricamente, la comida es la misma, pero cuando eliminas el lento cuidado del cocinado y lo conviertes en una comida rápida para llevar, cambias lo que es la *soul food*. La abaratas.

La espera es una parte esencial de la *soul food*, porque la *soul food* se trata de compartir con la familia y los amigos. Tiene que ver con reunirnos y disfrutar de la compañía mientras esperamos. Se trata de descansar juntos después, aletargados en nuestro coma alimenticio.

---

1   Se llama soul food a una gastronomía estadounidense tradicional de los afroamericanos del sur de Estados Unidos.

También deberíamos ver la oración de esta manera. Creo que esta es la intención de Jesús al predicar la segunda mitad del Padre nuestro.

ORAR POR PROVISIÓN: MÁS QUE NECESIDADES SUPLIDAS

La oración comienza con anhelar la presencia de Dios antes que su provisión, pero no debería terminar allí. Seguimos necesitando cosas de parte de Dios. Solo porque él nos dice que no debemos priorizar los alimentos y la ropa, no significa que no los necesitamos. Jesús nos invita a pedir tres cosas en particular: provisión, perdón y protección. Estas no son las únicas cosas que podemos pedirle a Dios, pero proveen un modelo para lo que deberíamos priorizar.

Provisión

En primer lugar, Jesús nos dice que pidamos «el pan nuestro de cada día» (Mt. 6:11). Observa, él quiere que pidamos el pan de *cada día*; no el pan de cada semana ni el pan de cada mes, no un fondo fiduciario ni una buena reserva de fondos. Quiere que confiemos en Dios *diariamente*. El énfasis de Jesús aquí es similar al de Agur en Proverbios 30:8-9. Agur ora:

> No me des pobreza ni riquezas;
> Mantenme del pan necesario;

No sea que me sacie, y te niegue,

    Y diga: ¿Quién es Jehová?

O que, siendo pobre, hurte,

    Y blasfeme el nombre de mi Dios.

¿Lo ves? A Agur no solo le interesa que sus necesidades sean suplidas, quiere asegurarse de que el nombre de Dios no sea profanado; sea que tenga mucho o poco. Tener demasiado hace pensar que Dios es innecesario. Tener muy poco hace pensar que es desinteresado. «Así que solo dame lo que necesito hoy y regresaré mañana. Haz que dependa constantemente de ti, para que cada día la manera en que confío en tu provisión diga que eres el proveedor suficiente de mis necesidades». Igualmente, Jesús no quiere que nuestra *petición* sobrepase la *alabanza* que comentamos en el capítulo anterior («santificado sea tu nombre»). Nuestra relación con los alimentos y las posesiones puede acentuar o disminuir la presentación de la gloria de Dios por medio de nosotros. La oración por provisión y la oración de alabanza son inseparables, y la naturaleza diaria de nuestra dependencia respalda esta afirmación.

Estamos acostumbrados a orar por nuestros alimentos justo antes de comer, pero no estamos acostumbrados a salir de la cama cada mañana y pedirle a Dios que nos alimente. ¿Por qué? Porque nosotros, al menos los occidentales, tenemos cuentas bancarias, empleos, tarjetas regalo y personas que nos deben el almuerzo. Estamos seguros de que comeremos, y le damos poca importancia a la inanición. La idea de orar de esta manera por las mañanas parece una formalidad. Damos por sentada la provisión de Dios porque pensamos que la ganamos gracias a nuestro valor y diligencia. Al mismo tiempo, comenzamos a pensar que nunca tenemos suficiente.

Este tipo de orgullo fomenta la falta de gratitud, y cuando la gratitud desaparece, la codicia entra rápidamente y se extiende, sin dejar lugar para nadie más. En esencia, las personas codiciosas dicen: «He trabajado duro por mis cosas, así que debería disfrutarlas. ¿Por qué debería cuidar de alguien que ha sido irresponsable?». Si pensamos que nuestra provisión viene de nuestra propia determinación, también pensaremos que deberíamos determinar cómo se distribuye.

Pero Jesús no permitirá eso. Él nos ordena que oremos por nuestro pan diario para que recordemos que toda dádiva proviene de Dios.

Perdón

A continuación, Jesús nos dice que oremos: «Y perdónanos nuestras deudas, como también nosotros perdonamos a nuestros deudores» (Mt. 6:12). Esta petición se encuentra en el centro del cristianismo verdadero. Nos recuerda que la paz con Dios siempre llega a través del indulto y el perdón, nunca mediante las obras. La vida, muerte y resurrección de Jesús en nuestro lugar es nuestra única apelación para ser perdonados. No le pedimos a Dios que reconsidere nuestra deuda, tampoco pedimos más tiempo para pagar nuestra deuda. Pedimos su perdón. No nos lo ganamos, vamos a Dios para que nos lo dé. Y así como oramos a menudo por el pan, debemos orar por perdón. Al hacerlo, recordamos diariamente al menos dos cosas: (1) nuestros constantes fracasos y (2) la disposición de Dios para perdonar. Perder un día sin orar de esta forma, es pasar un día tentado a pensar que Dios y yo estamos bien debido a mi conducta. Esto nunca ha sido el caso y nunca lo será.

Cuando nuestros corazones no están convencidos de nuestra necesidad del perdón de Dios, somos propensos a guardar rencor. Nos enfocaremos en las deudas de otras personas (véase Mt. 18:21-35). Retendremos el perdón.

¿Ves cómo necesitamos orar diariamente y desesperadamente: «Y perdónanos nuestras deudas, como también nosotros perdonamos a nuestros deudores» (Mt. 6:12)? Jesús sabe que para honrar el nombre de Dios, necesitamos un nuevo recordatorio de nuestro pecado y de la gracia de Dios cada día.

Protección

Finalmente, Jesús nos enseña a orar: «Y no nos metas en tentación, mas líbranos del mal» (Mt. 6:13). Al igual que el perdón por pecados pasados, la protección de pecados futuros se encuentra en Jesús.

Debe ser dada. El problema es que, o respondemos a la tentación con ansiedad, pensando que nunca cambiaremos, o respondemos con arrogancia, suponiendo que tenemos el poder para resistir.

No obstante, Jesús nos dice que oremos por provisión, perdón y protección no solo para que podamos obtenerlos, sino para que seamos moldeados por las peticiones que hacemos. Él nos ordena que oremos por las cosas que nos vemos tentados a conseguir por nuestra cuenta, porque cualquier cosa que consigamos por nosotros mismos, eventualmente la damos por sentada, lo cual deshonra el nombre de Dios.

ORAR POR NUESTRA FAMILIA CON PRONOMBRES PLURALES

Cuando Jesús enseñó a sus discípulos cómo orar, quiso que recordaran las necesidades de otros, no solamente las propias. Así que utiliza pronombres plurales: «Dánoslo... perdónanos... no nos metas...». Ciertamente esto se aplica a orar en lugares públicos. Cuando ores en grupo, involucra a otros orando con palabras como «nosotros» y «nos».

Aun cuando oremos a solas, deberíamos tener en mente a nuestros prójimos. Deberíamos ser consumidos con formas de amarlos. Si realmente creemos que Jesús es lo suficientemente bueno como para darnos algo, debemos creer que es lo suficientemente bueno para dárselo a otros. Orar con pronombres plurales como Jesús enseñó es una de las mejores maneras de amar a nuestros prójimos, porque incluso cuando no los vemos, nunca deberíamos olvidarlos.

Cuando oras por cosas buenas como provisión, perdón y protección, ¿quién te viene a la mente cuando piensas en «nosotros»? Imagino que personas a las que les tienes cariño, personas que te caen bien.

¿Pero también le pides a Dios provisión, perdón y protección para quienes te frustran e irritan? ¿Cuán a menudo oras por ellos? ¿Los excluyes de tu lista de oración hasta que cambien su manera de ser? Es difícil incluir a nuestros enemigos en la categoría «nosotros». Puede que no oremos por su destrucción o caída, pero realmente tampoco oramos mucho por su prosperidad, ¿o sí? Nuestras oraciones consisten en pedir ayuda para lidiar con ellos, pero eso no es igual a orar por su bienestar.

Es posible que al orar con los pronombres plurales en primera persona (*nos* y *nosotros*), no pienses en nadie específicamente, solo en un grupo de siluetas. Pero las oraciones vagas por siluetas no ayudan a nuestros hermanos y hermanas. En todo caso, son una señal de negligencia. No ayudan a las personas ni honran a Dios. J. C. Ryle expresa:

No debería ser suficiente confesar que somos pecadores; deberíamos nombrar los pecados por los cuales nuestra conciencia nos dice que somos más culpables. No debería ser suficiente pedir por santidad; deberíamos nombrar las gracias en las que nos sentimos más deficientes. No debería ser suficiente decirle al Señor que estamos atribulados; deberíamos describir nuestro problema y todas sus peculiaridades... ¿Qué deberíamos pensar del paciente que le dijo a su doctor que estaba enfermo, pero nunca entró en detalles? ¿Qué deberíamos pensar de la esposa que le dijo a su marido que ella no era feliz, pero no especificó la causa? ¿Qué deberíamos pensar del niño que le dijo a su padre que estaba en problemas, pero nada más? Cristo es el verdadero esposo del alma, el verdadero médico del corazón, el verdadero padre de todo su pueblo. Demostremos que sentimos esto no teniendo reservas en nuestra comunicación con él.[2]

La sabiduría de Ryle no solo es aplicable a nosotros de forma individual, sino colectivamente. Nos quedamos sin cosas por las cuales orar cuando hacemos oraciones vagas por personas indefinidas. Es fácil cubrirnos las espaldas y salir de la presencia de Dios igual de indiferentes y apáticos como cuando entramos. Pero si nuestras oraciones comienzan a llenarse de peticiones particulares por personas particulares, quitamos los peligros asociados a las siluetas. Empezamos a ver el deleite que proviene de orar por las necesidades específicas de personas específicas.

Ryle continúa:

Todos somos egoístas por naturaleza, y nuestro egoísmo es muy capaz de quedarse en nosotros aun después de convertidos. En nosotros hay una tendencia a pensar solamente en nuestras almas, en nuestros conflictos espirituales, en nuestro progreso religioso, y olvidar a los demás. Contra esta tendencia todos tenemos que vigilar y esforzarnos, y no menos en nuestras oraciones. Deberíamos estudiar para ser de un espíritu público. Deberíamos esforzarnos por nombrar otros nombres, aparte del nuestro, ante el trono de la gracia. Deberíamos intentar llevar en nuestro corazón a todo el mundo, los paganos, los judíos, los católicos romanos, el cuerpo de verdaderos creyentes, incluidas las iglesias protestantes profesantes, el país en el cual vivimos, la congregación a la cual pertenecemos, la casa en la que residimos, los amigos y las relaciones con las que estamos conectados. Deberíamos suplicar por todos y cada uno de ellos. Esta es la más alta caridad. El que me ama más, es el que me ama en sus oraciones. Esto es para la salud de nuestra alma. Amplía nuestras simpatías y expande nuestros corazones. Esto es para el beneficio de la iglesia. Las ruedas de toda la maquinaria para extender el evangelio se mueven por la oración. Los que interceden como Moisés en el monte hacen tanto por la causa del Señor, como los que luchan como Josué en medio de la batalla. Esto es ser como Cristo. Él lleva los nombres de su pueblo, como su Sumo Sacerdote, ante el Padre. ¡Oh, el privilegio de ser como Jesús! Esto es ser un verdadero ayudador para los ministros. Si debo escoger una congregación, dame un pueblo que ore.[3]

Ryle no se contentó con dejar el «nosotros» indefinido, y nosotros tampoco deberíamos hacerlo. La iglesia local es un guante que encaja ceñidamente alrededor de la oración colectiva. Por supuesto, hay formas de orar como cuerpo y obedecer al espíritu de este mandato sin la iglesia local. Pero creo que la iglesia local es la mejor manera de definir el «nosotros» en nuestras oraciones. La iglesia local sirve como un invernadero en el que crecen nuestras oraciones. La iglesia local crea el ambiente ideal para que maximicemos los beneficios de la oración mientras mitigamos los peligros del egoísmo y el orgullo descritos anteriormente.

Todos los cristianos deberían tener el beneficio de ser miembros de una iglesia local. La iglesia local ofrece su propia clase de cumplimiento de Génesis 2:18: «No es bueno que el hombre esté solo». El cristiano puede ser un huérfano en el mundo sin ninguna familia terrenal. El cristiano puede no tener una esposa o perder la esposa que amaba. El cristiano puede ser repudiado por la cultura a causa de sus creencias. Puede encontrarse rodeado de

---

3   Ryle, *A Call to Prayer* (Un llamado a orar), 34–35.

gente con un trasfondo cultural completamente diferente. Pero el cristiano comprometido con una iglesia local nunca está solo. Mientras la iglesia perdure, que será por toda la eternidad, el cristiano siempre forma parte de un «nosotros». La iglesia local toma la teoría del cristianismo y la hace tangible; en amor, obras y especialmente en oración.

Considera cómo el «nosotros» de nuestra oración colectiva funciona en relación a la provisión. Digamos que oro para que Dios provea para «nuestras» necesidades, y yo termino recibiendo un aumento mientras que alguien pierde su empleo. No puedo simplemente decir: «Estoy orando para que tengas abrigo y alimento» (véase Stg. 2:15-16). No, debo ejercer mi fe en oración asumiendo que Dios contestó providencialmente nuestras oraciones por provisión al darme a mí más de lo que necesito y al darle a otra persona menos de lo que ella necesita. Así Dios, a través de mi oración, está eliminando la avaricia que hay en mí, al brindar una oportunidad para dar con libertad el regalo que él me ha dado. Simultáneamente, Dios está quitando el orgullo que hay en mi hermano al ponerle en una posición donde tiene que aceptar las buenas dádivas de Dios por parte de otro hermano. Lejos de ser un caso de caridad, él se convierte en un lienzo que refleja la sabiduría y la bondad de Dios en respuesta a nuestra oración por provisión.

¿De qué manera funciona el «nosotros» en nuestras oraciones por perdón y protección? Digamos que oro pidiéndole a Dios que perdone mi pecado. Luego, al orar por personas específicas en mi iglesia, una silueta se llena con una persona en específico que me ha ofendido. No me siento listo para perdonar a esa persona. ¿Entonces qué? Ahora tengo una decisión que tomar. Puedo suplicarle a Dios que perdone mi hipocresía y me ayude en el área del perdón, y puedo disfrutar de una relación restaurada con mi hermano. O, puedo pretender que la hipocresía no está allí al justificar mi enojo y mi decisión de no perdonar. También puedo simplemente evitar la tensión de orar con pronombres plurales en primera persona, y creer que mi relación con mi hermano no tiene absolutamente nada que ver con Dios.

De hecho, orar por la provisión, el perdón y la protección de otros no nos permite que abracemos la hipocresía alegando ignorancia. En cambio, nos moldea a la imagen de Cristo exponiendo y purificándonos de las muchas formas en las que abrazamos la hipocresía. Dios no está tratando de tendernos una trampa. Está intentando liberarnos de las trampas que se encuentran escondidas a lo largo de las sendas de la religiosidad.

Esto es lo que hace que la oración del «Padre nuestro» sea sobrenatural. No tenemos la habilidad ni la fuerza para proveer para nosotros mismos, mucho menos para otros. Todo lo que poseemos, incluidas la habilidad y la fuerza para adquirir riquezas, proviene de Dios. No podemos sacar de nuestro propio pozo de gracia a fin de perdonar a los demás cuando nos ofenden.

Solamente podemos sacar del pozo sin fondo de Dios lo que necesitamos para perdonar a otros. No tenemos la fortaleza espiritual que se requiere para rechazar los placeres del pecado y evitar las trampas de la tentación. Necesitamos la ayuda diaria de Aquel que nos da todo, quien nos perdona dadivosamente y nos preserva para toda la eternidad. Jesús nos enseña mediante la oración del «Padre nuestro» que estamos increíblemente necesitados, y que Dios es increíblemente generoso. Cuando oramos por provisión, perdón y protección para nosotros y otros, todos podemos disfrutar el festín de la abundante bondad de Dios, que él tanto quiere compartir. Su *soul food* es nuestra, para que la degustemos juntos como una familia a través de la oración.

5

LAS RAÍCES
Una familia cultivada

PREPARARSE PARA LO PEOR

En una entrevista antes de una pelea de boxeo, se le preguntó a Mike Tyson qué opinaba sobre el estilo de su oponente. Tyson dijo: «Todos tienen un plan hasta que reciben un puñetazo en la boca».

Igualmente, todos tienen un plan de cómo serán victoriosos hasta que llega la adversidad. Cuando la desorientación golpea, toda decisión, fuerza y compostura se desvanecen como los dos dientes delanteros de un boxeador. Incluso si tú, al igual que yo, no has estado en una verdadera pelea desde escuela primaria, las palabras de Tyson siguen siendo ciertas.

La muerte de mi hermano fue la sorpresa más grande de mi vida, hasta que fue rápidamente eclipsada por otra sorpresa solo unas semanas después: estaba sorprendido de lo mucho que mi fe en Jesús y mi decisión de permanecer comprometido con él se habían desvanecido. Las reflexiones de C. S. Lewis tras la muerte de su esposa fueron ciertas para mí: «Dios no ha estado intentando un experimento con mi fe o amor para descubrir su calidad, pues ya lo sabía. Era yo quien no lo sabía... Él siempre supo que mi templo era un castillo de naipes. Su única forma de hacérmelo entender fue derribándolo».[1] Recibí un puñetazo en la cara, y mi determinación por el Señor desapareció. Mi fuerza se secó, y me quedé sin nada. Todos tienen un plan hasta que reciben un puñetazo en la boca.

Tú no estás exento. Te darán un puñetazo. Al final te darás cuenta de que cada uno de nosotros tiene que lidiar con la adversidad. No me refiero solamente a la adversidad general que proviene de la vida en un mundo caído; seres queridos que fallecen, enfermedades crónicas, la muerte, el divorcio, la pérdida de un trabajo. Hablo del sufrimiento único que llega a los cristianos como resultado de mantenerse fieles a Dios en un mundo caído. Seguir a Jesús voluntariamente en este mundo es como subirse a un ring de boxeo. Incluso si al final resultas victorioso, te expones a puñetazos que no te habrían llegado si te hubieras quedado fuera del ring.

Estoy hablando de vivir una soltería prolongada, y quizás la soledad, porque decidiste permitir a Jesús que dictara tu sexualidad. Hablo de la pérdida de un trabajo por negarte a comprometer tus principios. Hablo de tener que luchar contra la depresión y la ansiedad porque rechazas usar sustancias ilegales como un escape

---

1   C. S. Lewis, *A Grief Observed* (Una pena en observación) (1961; reimpr., Nueva York: Bantam, 1976), 61.

temporal. La lista sigue y sigue. A veces, la fidelidad a Dios nos pone en una posición en la que sentimos que la obediencia es una sentencia de muerte. En esos casos, ¿cómo responderás? Nos gustaría pensar que nuestro templo de fe podrá resistir los huracanes, pero si nuestra historia sirve como indicador de nuestro presente, sabemos que nuestro castillo de naipes necesita ser reforzado constantemente.

Entonces, ¿cómo te prepararás para la tormenta? Si esperamos para prepararnos hasta que estemos en medio de la tentación, será demasiado tarde. Debemos ser proactivos. Tenemos que ver las tormentas que vienen desde lejos, y reforzar nuestros muros con antelación. La fortaleza que necesitamos para soportar la tormenta finalmente proviene de Dios, pero nos aferramos a su fortaleza por medio de la oración.

Las oraciones son nuestras raíces. Las raíces hacen el duro trabajo de fortalecer el árbol, pero esta dura labor es un trabajo que no se ve. Lo mismo puede decirse de la oración. Orar juntos funciona como nuestras raíces verdaderas y ancestrales. Orar juntos es tanto nuestra fortaleza como nuestra herencia, como quienes sufren mucho por su fidelidad a Dios.

Si los capítulos previos enseñaron el procedimiento normal de la obra de la oración a partir del Sermón del Monte, entonces la oración de Cristo en el huerto de Getsemaní ofrece el *magnum opus* de cómo se hace.

NO ERES TAN FUERTE COMO PIENSAS

En el aposento alto, Jesús habla con sus discípulos de su inminente sufrimiento, pero también les dice la verdad sobre ellos. Serán cobardes y se esparcirán, pero Jesús promete no pagarles con la misma moneda. Les faltará fortaleza para permanecer junto a él, pero esa es la razón por la que él va a la cruz. Ellos fracasarán en el futuro, pero esos fracasos no afectarán su presente amor y compromiso con su bienestar. Qué bendición es que Cristo conozca todos nuestros fracasos, incluso los que todavía no han ocurrido, y aun así siga comprometido con nosotros.

Entonces Jesús lleva a sus discípulos al huerto de Getsemaní, donde vemos más que una predicación sobre la oración por parte de Jesús; vemos su práctica.

El lugar. El huerto de Getsemaní era un vestíbulo divino. Situado entre la Última Cena y la traición y el arresto de Jesús, aquí es donde Jesús se preparó para enfrentar el frío amargo. *Getsemaní* significa «la prensa de oliva». Las olivas prensadas producían el aceite que se usó durante siglos para ungir a los reyes y sacerdotes. Ahora, Jesús entraba en un momento de presión intensa para su unción.

Los compañeros. Aunque trajo consigo a todos los discípulos al huerto, solo le pidió a Pedro, Santiago y Juan que lo acompañaran un poco más allá (Mr. 14:33). ¿Por qué ellos? Quizás porque habían afirmado tener más determinación y fuerza. Santiago y Juan habían dicho anteriormente que podían beber de la misma copa que Jesús bebería (10:35-39). Pedro había prometido permanecer fiel incluso hasta la muerte (14:29-31). Tal vez Jesús quería corregir esto específicamente.

Cuando mi hija bebé llegó por primera vez a casa del hospital, mi sobrino Jackson de dos años, hizo algo bonito y condescendiente. Empezó a hablarle como bebé. ¿Como bebé? Le expliqué a Jackson que él era, de hecho, un bebé. Podía saberse algunas palabras, pero seguía usando pañales, no se preparaba su propia comida y no tenía un trabajo. Era un bebé igual que mi hija. No estaba en otra liga. Pienso que Jesús llevó a Pedro, Santiago y Juan para mostrarles lo mismo.

Jesús nunca desperdició una oportunidad para entrenar a sus discípulos, ni siquiera cuando se enfrentó a la muerte. De hecho, su tristeza y sufrimiento proporcionaron un gran trasfondo para su entrenamiento. Pero Jesús estaba haciendo más que solo entrenarlos, quería sentir su apoyo. Jesús, Dios hecho hombre, eligió no vivir en la tierra solo. Aunque los discípulos no podían ayudarle a beber la copa, encontró algo valioso en que ellos estuvieran con él.

La postura. Cuando Jesús tomó consigo a quienes se creían más fuertes, no compartió profundas palabras de sabiduría. Compartió su debilidad. Les dijo: «Mi alma está muy triste, hasta la muerte; quedaos aquí y velad» (Mr. 14:34). Cuando oramos juntos, esto es exactamente lo que estamos haciendo. Admitimos nuestra debilidad y confesamos que debemos confiar en la fortaleza de Dios. Esta es la postura correcta para la oración.

Jesús también nos da permiso para ser débiles. Nos prepara para clamar a Dios en nuestra debilidad a través de su ejemplo.

La presión. Cuando Jesús dijo que vino para dar su vida en rescate por muchos (véase Mr. 10:45), lo dijo en serio. También hablaba en serio cuando dijo que estaba triste hasta el punto de la muerte. Es algo absolutamente terrorífico comparecer ante Dios y rendir cuentas por el pecado. Meditar en esto ha llevado a gente a una profunda depresión. Ahora imagina lo que sería estar delante de Dios y pagar por los pecados de todo el mundo. Dios tiene gracia y misericordia, ¡sí! Pero no deja al culpable sin castigo (véase Éx. 34:7). Durante siglos, Dios había diferido su juicio, pero ahora Jesús bebería esta copa de la ira de Dios hasta el fondo.

Esta es la buena noticia del evangelio para nosotros que hemos puesto nuestra fe en él: ¡no tenemos que pagar por nuestros pecados! Jesús bebió por completo la copa de la ira de Dios por todos los que ponen su fe en él. Si el mundo entero se volviera y se arrepintiera, el mundo entero disfrutaría este regalo de la salvación. No tienes que pagar por tus pecados; ¡ni por uno de ellos! Esto es una buena noticia.

CONFIANZA Y CONTENTAMIENTO

Jesús había enseñado a sus discípulos cómo orar en tiempos de paz. Aquí fue un ejemplo de oración en medio del sufrimiento. Lo que se había enseñado en la clase ahora quedaba ilustrado en la crisis. No me sorprendería que Ryle, aquel antiguo predicador anglicano, tuviera esto en mente cuando dijo: «Los lechos de muerte son grandes reveladores de secretos».[2] Jesús miró a la muerte justo a los ojos, sabiendo que su destino era inevitable. ¿Cómo lo enfrentó? De rodillas en oración. Su enseñanza sobre la oración era más que teoría. Fue puesta a prueba y hallada cierta. Fue oración en su forma más real y pura.

Abba: nuestro Padre. Cuando Jesús ora, se refiere a Dios como «Abba» (Mr. 14:36). En una época cuando la mayoría de nosotros pensaría en Dios como un enemigo, Jesús usa este nombre tan íntimo para Dios. Clama a alguien que sabe que escuchará, alguien a quien le importa su bienestar. No llama a un empleador cuya única preocupación es el resultado final, y que está dispuesto a pasar por encima de sus empleados para obtener un beneficio. Llama a su Padre que lo ha amado perfectamente desde la eternidad.

Ayuda: confianza en el poder de Dios. Luego Jesús clama: «Todas las cosas son posibles para ti; aparta de mí esta copa» (Mr. 14:36). En la desesperación, aquí es donde empieza la oración: sabiendo que Dios puede hacer lo imposible. ¡No hay oración

---

2   J. C. Ryle, *A Call to Prayer* (Un llamado a orar), 11.

sin esto! ¿Y quién mejor que Jesús sabe que Dios puede hacer lo imposible?

Recientemente, mientras leía Sherlock Holmes, me impactó algo que su asistente, John Watson, dijo. Ante otro caso imposible, Watson señaló: «Estaba tan acostumbrado al invariable éxito [de Holmes], que la misma posibilidad de que fracasara había dejado de entrar en mi cabeza».[3] Watson estaba tan acostumbrado a ver a Holmes obrar maravillas que inherentemente sabía que Sherlock haría lo imposible. Así es con Dios. Un profesor seminarista mío diría: «Lo que Dios ha hecho en el pasado es un modelo y una promesa de lo que seguirá haciendo en el futuro, aunque es demasiado creativo para hacer lo mismo dos veces».[4]

Los discípulos tendían a poner a Dios en una caja. Fue solo cuando caminaron con Jesús que sus fronteras empezaron a romperse. El agua es convertida en vino; los límites se expanden. Los ciegos ven y los cojos andan; los límites se expanden. Cinco mil personas son alimentadas; los límites se expanden otra vez. Lázaro se levanta; ¡los límites se rompen! Jesús se dedicaba a ayudar a los que dudaban para que creyeran, pero él mismo no tenía ninguna sombra de duda. Él sabía que Dios podía hacer lo imposible y, por tanto, oraba así. Si alguien podía proveer otro camino, ¡era Dios!

---

3   Sir Arthur Conan Doyle, *The Greatest Adventures of Sherlock Holmes* (Las más grandes aventuras de Sherlock Holmes) (Nueva York: Fall River Press, 2012), 151.

4   Gracias, James Allman, Dallas Theological Seminary.

Escúchame. No oraremos consistentemente si no estamos seguros del poder de Dios. Gran parte de nuestro fracaso al orar proviene de creer sutilmente que dentro de Dios existe la posibilidad del fracaso. Debido a esto, nunca le pedimos a Dios que haga lo imposible. Antes bien, procuramos solo las cosas que podemos lograr por nuestra cuenta.

Esperanza: contentamiento en el obrar de Dios. Jesús finaliza su oración diciendo: «Mas no lo que yo quiero, sino lo que tú» (Mr. 14:36). Aunque la oración puede iniciar con creer que Dios puede hacer lo imposible, la paz nunca se encuentra allí. Si solamente imaginamos lo que Dios puede hacer y luego juzgamos su bondad por cuán a menudo hace lo imposible por nosotros, nunca encontraremos paz verdadera. Su capacidad debería hacer que nuestros corazones se eleven y le pidan lo imposible. Pero su soberanía y sabiduría deberían mantenernos humildes. Nos recuerdan que, aunque Dios *puede* hacer lo imposible, no tiene que hacerlo; y podemos confiar en él de todos modos. La paz se encuentra aquí y solamente aquí.

Cualquier otro planteamiento termina solo en descontento, especialmente si mantenemos a Dios como rehén de un resultado que nunca ha prometido. Siempre nos faltará paz cuando juzguemos el amor de Dios por nosotros basados en cuántas de nuestras oraciones ha respondido con un «sí». La falsa esperanza es el terreno más fértil para una cosecha de descontento.

Jesús nos ayuda a ver que debemos rendir nuestros corazones, y rendir nuestros corazones requiere persistencia. Getsemaní nos muestra que Jesús no dijo estas veinticuatro palabras una sola vez y luego se levantó y continuó con su misión. Repitió esta petición una y otra vez. Jesús pasó una hora «diciendo las mismas palabras» (Mr. 14:39). Fue persistente.

Hay ocasiones en las que persistir en una oración en particular puede ser una necedad, especialmente cuando fallamos en descansar en que «se haga la voluntad de Dios». Aun así, Jesús nos enseña que persistir en la oración no revela una falta de fe. Puede ser un indicador de una gran fe. Si estuviera convencido de que Dios no podría hacer nada o de que no haría nada, ¡dejaría de pedir! Persistir en la oración también es cómo luchamos para que nuestras voluntades se sometan a la suya. La oración persistente es nuestra manera de decir: «Sé que debería desear querer tu voluntad, pero no lo hago. Dios, ayúdame a querer lo que tú quieres. Ayúdame a correr hacia la obediencia».

CORAZONES RENDIDOS, MANOS FORTALECIDAS

Mientras Jesús luchaba en oración, sus discípulos se quedaron dormidos (véase Mr. 14:34-40). Él les había pedido que permanecieran despiertos y oraran (Mr. 14:38), enlazando la oración con la capacidad de resistir la tentación. Pero no lo hicieron. Tenían todas las ventajas para orar. No estaban sobrecargados por el mismo estrés que llevó a Jesús a sudar gotas de sangre. Con todo, reprobaron esta prueba de fidelidad en el huerto, igual que Adán y Eva. Su determinación, así como la nuestra, no fue suficiente.

Pero Jesús lucha en oración. Rinde su corazón a Dios, y experimenta una fortaleza inimaginable para seguir adelante (Lc. 22:43). Por medio de su ejemplo, Jesús nos recuerda que rendir nuestros corazones a Dios es el camino para fortalecer nuestras manos.

¿Alguna vez notaste que a Jesús no parece costarle discernir las respuestas de Dios a las oraciones como a nosotros? Una de las cosas más difíciles y confusas sobre la oración, especialmente la oración persistente, es saber cuándo Dios realmente respondió. No sé tú, pero yo nunca he oído a Dios hablar audiblemente. Ya que por lo general él no habla así, ¿cómo sabemos cuándo avanzar? No parece que Jesús escuche a Dios perceptiblemente en este momento, sin embargo, confía en la respuesta de Dios y decide seguir adelante.

Al ver que una turba enfurecida se acerca, Jesús les dice a sus discípulos: «¿Todavía estáis durmiendo y descansando? Basta ya; ha llegado la hora; he aquí, el Hijo del Hombre es entregado en manos de los pecadores. Levantaos, vámonos; mirad, está cerca el que me entrega» (Mr. 14:41-42, LBLA). Jesús nos enseña algo aquí: las impresiones pueden ser engañosas, pero la providencia no lo es. Jesús persistió en orar y capacitar a sus discípulos hasta que una turba vino para arrestarlo (véase Lc. 22:47). En ese momento, él sabía que Dios había dicho: «No, no hay otro camino». Entonces Jesús siguió adelante en la voluntad de Dios. No era lo que había pedido, pero no huyó. Él sabía que el lugar más seguro en el cual estar era la voluntad de Dios, incluso si eso significaba su muerte.

Jesús no solo camina hacia la voluntad de Dios, sino que los Evangelios describen que Jesús tuvo una determinación e incluso paz sin igual al enfrentarse a la crucifixión. Jesús agoniza en el Getsemaní, pero soporta la cruz. Jesús es golpeado en la cara, pero no se venga. Una corona de espinas es puesta sobre su cabeza, pero no se la quita. Es azotado, pero no pide que se detengan. Tiene la suficiente compostura para mirar a su madre sollozante y decirle a Juan: «¿Cuidarás de mi madre? Mamá, Juan será tu nuevo hijo. Él se asegurará de cuidarte». Mientras colgaba de la cruz y se ahogaba a causa de la sangre que llenaba sus pulmones, no usa sus últimos suspiros para jadear por aire y resistir un poco más. Dedica esos preciosos respiros para dar seguridad a un pecador arrepentido que está a su lado. Pasa sus últimas respiraciones clamando por el perdón de Dios para aquellos que todavía no se han arrepentido.

Lo que obtenemos es una imagen de alguien que agonizó en oración durante la noche y rindió su corazón para hacer la voluntad de Dios. Obtenemos la imagen de alguien a quien se le concedió la fortaleza y la determinación para hacer la voluntad de Dios; incluso hasta el punto de la muerte. Aunque nuestros ancestros Adán y Eva fracasaron en someterse a la voluntad de Dios en un huerto, Jesús no lo hizo. Aunque el sufrimiento de Jesús fue único e irrepetible, su ejemplo provee el modelo para la fidelidad cristiana. Fortalecemos nuestras manos rindiendo nuestros corazones. Así es como avanzamos con poder.

NO EXISTEN CASOS AISLADOS

La falta de oración es una venda que nos impide ser conscientes de los peligros que nos rodean. Nos da una falsa sensación de paz y un coraje ingenuo. Nos lleva a suponer que no necesitamos la ayuda de Dios. Los discípulos tenían puestos sus antifaces y estaban durmiendo en paz, mientras Jesús contemplaba la copa de la ira de Dios. La oración nos hace conscientes de los peligros que nos rodean y de nuestra incapacidad para luchar. Pero la oración también hace que seamos conscientes del Ayudador que nos mantiene a salvo. Nos sentimos débiles, sabemos que somos increíblemente débiles, y nos damos cuenta de que nuestra seguridad no tiene absolutamente nada que ver con nuestra fuerza.

La historia de Getsemaní trata tanto del poder de la oración como del inevitable fracaso que resulta de la falta de oración. El episodio está situado entre los discípulos que prometen fidelidad a Jesús y los discípulos que salen corriendo asustados. Se ubica entre la escena de Pedro diciendo: «Moriría por ti», y Pedro negando a

Jesús. Como un sándwich vegano, los discípulos presentan una gran promesa, pero decepcionan en el medio.

La fidelidad de Jesús para cumplir la tarea de Dios está directamente ligada a su oración. La falta de fe de los discípulos está directamente ligada a su falta de oración. Jesús las conecta cuando advierte a los discípulos: «Velad y orad, para que no entréis en tentación; el espíritu a la verdad está dispuesto, pero la carne es débil» (Mr. 14:38).

Tres días después de que Jesús muriera en la cruz, los discípulos se sorprenden de verlo vivo otra vez en un cuerpo resucitado. Cuando Jesús hizo lo que Dios lo llamó a hacer, obtuvo una sentencia de muerte. Pero la muerte no era su destino final. Y él ha prometido lo mismo para todos aquellos que han puesto su confianza en él: la capacidad de enfrentar el sufrimiento con oración.

Vemos que los discípulos abrazan la enseñanza y el ejemplo de Jesús, en cuanto a la oración, en el Libro de los Hechos. Los resultados son estremecedores. En Hechos 4, Pedro y Juan son golpeados injustamente y enviados a una cárcel por predicar el evangelio. Sufren por causa de la justicia. Dios los libera de la cárcel, ¿y sabes lo que hacen? Se juntan con sus amigos y tienen una reunión de oración (Hch. 4:23-31). ¿Y para qué oran? Oran para que su soberano Dios les dé la valentía y fortaleza para hacer su voluntad.

En Hechos 5, son arrestados otra vez, golpeados y se les ordena no hablar de Jesús. Pero salen de la escena regocijándose. Sí, ¡regocijándose! Y repiten esto una y otra vez (véase Hch. 5:42). ¿Qué les pasó a los soñolientos discípulos que no oraron en el huerto?

Le sacaron partido al poder de Dios mediante la oración. Dios fortaleció sus manos cuando rindieron sus corazones para hacer su voluntad. Empezaron a parecerse a su Salvador. Finalmente entendieron que la obra transformadora del evangelio no se fortalece a la vista del público. Más bien, se fortalece en privado ante los ojos de Dios y de nuestra familia en Cristo.

6

LA GLORIA

El papel de la oración en la adoración colectiva

PARTICIPANTES, NO EXPECTADORES

Solía pensar que odiaba el béisbol. Lo veía para curar el insomnio. Entonces un día en la escuela primaria, mis amigos llegaron a la puerta con bates de aluminio y pelotas de tenis. Usamos los automóviles y los postes de luz en nuestro callejón sin salida como bases, y comenzamos a jugar béisbol. ¿Y sabes qué? El béisbol no estaba tan mal. De hecho, ¡era genial! De repente era interesante y agradable. Jugamos durante horas, y el tiempo pasó volando. No era el béisbol lo que odiaba, sino solo verlo. ¿Qué marcó la diferencia? La participación. El valor del deporte no debería ser juzgado por la observación, sino por la participación.

La adoración colectiva —ese momento y espacio en el que la iglesia se reúne para adorar a Dios— no se diseñó para ser un deporte de espectadores en el que la gente viene y toma sus asientos en las gradas para entretenerse con los cánticos y un mensaje gracioso y relevante. Desafortunadamente, muchas personas asisten a la iglesia como asisten al partido de su deporte favorito: como espectadores que tienen entradas para la temporada. Pero como el béisbol, la adoración colectiva está diseñada para participar, no para ser espectadores.

Muchas iglesias han intentado hacer que la adoración colectiva sea más participativa. Algunas crean espacios para una interacción significativa antes y después de la reunión. Algunas incorporan la pesadilla del introvertido, mejor conocida como el tiempo de «saluda al que está a tu lado». Algunas promueven un ambiente en el que las personas responden y gritan durante la predicación. Otras han eliminado la predicación por completo, al considerar que los monólogos son el mayor obstáculo para la participación. El deseo de ayudar a los congregantes a que participen en la adoración colectiva es bueno. Dicho eso, estos intentos pierden el propósito de nuestras reuniones como cuerpo.

Nos reunimos para juntos encontrarnos con Dios. Dios siempre ha querido que le conozcamos mejor al relacionarnos con otros, pero no queremos que nuestras relaciones con los demás eclipsen nuestra relación con Dios. Por tanto, es crucial que la Palabra de Dios permanezca en el centro de nuestras reuniones. Escuchamos la Palabra predicada, cantada y leída. Y en respuesta, oramos. Nos reunimos para encontrarnos con él en gran parte a través de oraciones que son respuestas a su Palabra.

¿CÓMO ES ORAR JUNTOS?

Si sabemos que la oración está diseñada para fomentar la participación en nuestro encuentro con Dios, es importante examinar cómo deberíamos orar juntos. La oración colectiva es una manera de enseñarle a nuestra iglesia cómo interactuar con Dios. Cuando oramos juntos, queremos abordar ideas equivocadas sobre Dios, orar por esas cosas que muchos de nosotros descuidamos y demostrar que la oración sustancial no tiene por qué tomar una cantidad sustancial de tiempo.

No podemos suponer que las personas saben cómo orar. Por esta razón variamos las oraciones que usamos cada semana. Cuatro tipos de oración se ejemplifican y ordenan en la Escritura, y estas deberían moldear nuestro tiempo de oración colectiva. No creo que ninguna de estas cuatro clases de oraciones sea nueva para ti. Si tienes algo de experiencia en una iglesia, habrás escuchado hablar del modelo de oración ACAS: adoración, confesión, agradecimiento y súplica. Aunque no sea novedoso, usar alguna combinación de estas oraciones en la adoración colectiva es necesario para crear un ambiente participativo en el que las personas adoren juntas a Dios.

ADORACIÓN: ¿SABES CON QUIÉN ESTÁS HABLANDO?

«¿Sabes con quién estás hablando? ¡Debes saber quién soy!». Escuché esto en incontables ocasiones cuando era joven. Normalmente sucedía cuando decía algo indebido o actuaba demasiado informal con mi profesor, entrenador, o alguna otra figura de autoridad. Puede ser una declaración de reprensión, pero también puede ser de ánimo. Recuerdo acercarme a mi mamá de vez en cuando para pedirle perdón por las formas en que la había ofendido. Iba con timidez, y ella respondía muy gentilmente: «¿No sabes con quién estás hablando?». Era una pregunta retórica que pretendía recordarme quién era ella; una madre amorosa. Recordar su carácter era el antídoto para mi preocupación. De forma similar, para esto están diseñadas nuestras oraciones de adoración.

La oración de alabanza sienta la base de nuestro tiempo juntos. Sin embargo, a menudo es excluida de nuestras oraciones colectivas. En nuestra iglesia, la oración de adoración normalmente viene primero. Queremos establecer en nuestros corazones que es un honor hablar con Dios. La familiaridad con Dios es un regalo, pero la familiaridad puede convertirse rápidamente en ligereza. Esta oración nos recuerda con quién estamos hablando. Antes de invocar a Dios para que cumpla las promesas de su pacto, debemos recordar que estamos hablando con un Dios que cumple sus promesas. Gracias al gran sacrificio de Jesús, podemos acercarnos confiadamente a Dios, pero también deberíamos hacerlo con humildad.

En nuestras oraciones de alabanza recordamos cómo es Dios, no solo lo que ha hecho por nosotros. Lo alabamos por sus atributos y características: su santidad, su gentileza, su bondad e incluso su ira. Lo extraordinario de estas oraciones no proviene simplemente de enumerar los atributos de Dios, sino de revelar-los. Una oración de adoración al inicio de la reunión ayuda a despejar las nubes de un afecto moderado y del aburrimiento.

Una Navidad, mi esposa recibió un regalo de una querida amiga. La caja permaneció bajo nuestro árbol alrededor de una semana. Cuando examinó la caja envuelta, no sintió ninguna sensación fuertemente positiva o negativa al respecto. No obstante, en el momento que abrió el paquete y vio el regalo, lágrimas de alegría cayeron sobre sus mejillas. ¿Qué cambió? Cuando los contenidos de la caja fueron revelados, ella vio la verdadera naturaleza de lo que estaba dentro y no pudo contener las lágrimas.

Esto es lo que hacemos en la oración de alabanza. Revelamos el carácter de Dios con exactitud, meticulosidad e incluso imaginación. La neblina del letargo se disipa, y la adoración llena de gozo permea nuestra reunión.

Deberíamos desear adorar a Dios no de manera general, sino de manera específica. Esto ayuda a minimizar las frases vacías que la gente tiende a usar. También rellena los huecos en los que las personas tienden a importar sus propias definiciones de Dios. Por ejemplo, alabamos a Dios por su eternidad; porque él existe desde siempre y para siempre, él es Dios (véase Sal. 90:2). Él ha estado en el trono siempre. Ha sido testigo del nacimiento de cada gobernante malvado. Los recuerda desde que eran bebés y sabe el día en el que serán enterrados. Nunca se intimida.

Ellos van y vienen, pero él permanecerá en el trono. Su puesto es seguro. Él nunca toma una decisión por temor a que alguien ocupe su lugar. Nunca se ve acorralado, lo que quiere decir que podemos confiar en que no tiene motivos ocultos para darnos las órdenes que nos da. Entendemos mejor toda esta eternidad durante la oración de adoración.

Ahondar en los atributos de Dios significa que debemos prestar atención a los atributos de Dios por los que a veces sentimos la tentación de disculparnos. Nos demuestra que deberíamos adorarlos. Piensa en el enojo y en la ira de Dios. Cuando le alabamos por estas cosas durante la adoración colectiva, recordamos que Dios está comprometido con la justicia. La ira no es un lastre, es una prueba de su protección. El enojo de Dios, dirigido hacia el pecado, nos recuerda que él es protector de los débiles. Su incapacidad de ignorar el pecado y la forma despiadada en la que castiga la maldad es terrorífica porque tememos vernos fácilmente como los objetos de su ira. Pero aquellos que nos refugiamos bajo la protección que él ha ofrecido a través de su Hijo, entendemos que la santidad de Dios es para nuestra protección, no para nuestro castigo.

¿Sabes con quién estás hablando? No estoy seguro de que todos los que asisten a la adoración colectiva lo sepan. Incluso si lo sabemos, lo olvidamos. Afortunadamente, las oraciones de adoración nos lo recuerdan.

CONFESIÓN: ¡YO TAMBIÉN!

Si adoramos correctamente, entonces la confesión se convierte en el reflejo de nuestras almas. Cuando reflexionamos sobre la santidad y la bondad de Dios, nuestra pecaminosidad se vuelve evidente. Cuando meditamos en la gracia y el perdón de Dios por medio de Cristo, somos llevados a confesar.

Génesis 3 no fue una segunda redacción del guion original de Dios a fin de crear más drama a lo largo del resto de la Biblia. Se escribió para establecer el escenario para el plan de Dios de salvar a los pecadores. Cuando Moisés pide ver la gloria de Dios, lo primero que Dios testifica sobre sí mismo es que es un Dios perdonador (véase Éx. 34:6-7). Él no necesita ser coaccionado para perdonar. Es su idea. Él ha hecho provisión para que el culpable sea castigado y para que su pueblo experimente perdón; todo ello sin comprometer su santidad. Él hizo esto a través de Jesús, nuestro sustituto (véase Ro. 3:21-26). El ofrecimiento del perdón Dios estimula que seamos honestos con nuestras faltas. Piensa en el hijo pródigo quien, «volviendo en sí», recordó la naturaleza generosa de su padre (Lc. 15:17-19). La bondad del padre hizo que el hijo regresara y confesara su pecado.

Cuando escuchamos a miembros de nuestra familia de la iglesia confesar su pecado, deberíamos pensar en cuanto a nosotros: «Yo también». Con frecuencia minimizamos el pecado en nuestras vidas, mientras que lo maximizamos en las vidas de otros. Pero cuando escuchamos a otros confesar sus pecados, empezamos a ver cómo las cosas que pasamos por alto esta semana pasada realmente eran peores de lo que creíamos. Nos recuerda cuánto hemos puesto nuestra esperanza en otras cosas para nuestro gozo. Nos vemos forzados a sentarnos, escuchar y a que nuestros recuerdos se sacudan lo suficiente para decir: «¡Yo también! ¡Yo también! ¡Yo también! Y hecho cosas peores que las que ellos han dicho».

Una comunidad que confiesa habitualmente sus pecados juntos es una comunidad gozosa, en crecimiento, llena de gracia y con los pies en el suelo.

Una comunidad gozosa. La confesión está diseñada para producir adoración, porque nos desafía a explorar la oscuridad de nuestros corazones que a menudo olvidamos. Lejos de llevarnos a la desesperación, la confesión debería en realidad llevarnos al gozo. La fidelidad y bondad de Dios resplandecen de forma especialmente brillante en el contexto de nuestros fracasos. Los Salmos 32 y 51, dos famosos salmos conocidos de arrepentimiento, también son expresiones hermosas de regocijo en el perdón de Dios. Después de la confesión del salmista, este pecador que un día estaba cargado de culpa, llama a todos los que conoce para que obtengan este perdón que ha encontrado en Dios (véase Sal. 32:11; 51:14).

Ahora multiplica esa experiencia por todos los miembros de tu iglesia. ¿Puedes imaginar el gozo?

Una comunidad en crecimiento. El arrepentimiento colectivo también es una gran motivación para la evangelización. El Salmo 130 nos da una imagen perfecta de esto. En los versículos 1 al 6, el salmista clama a Dios por ayuda, recibe esa ayuda, y pone su esperanza en la Palabra de Dios. Los versículos 7 al 8 revelan su respuesta a la ayuda de Dios. Ahora el salmista quiere que toda la nación experimente el perdón y el amor de Dios. El perdón de Dios es demasiado bueno para reservárnoslo, y es demasiado cierto para que no se aplique a todos los demás. Cuando el perdón se experimenta colectivamente a través de la confesión, el mensaje del evangelio es aplicado personalmente *y* anunciado públicamente. Una comunidad que confiesa libremente sus pecados de forma conjunta, está deseando compartir el resultado de esa libertad con otros. Esta comunidad atrae a un mundo que muere: «Ven. Prueba y ve el mismo perdón que estamos probando y viviendo».

Una comunidad llena de gracia. Como ya vimos en la oración del Padre Nuestro, no puedes vociferar sobre el perdón de Dios si tú mismo eres egoísta con el mismo. Una comunidad de personas que confiesan juntas sus pecados recuerda continuamente que son pecadores que diariamente necesitan el perdón de Dios. Así que no solo proveemos espacio y comprensión cuando alguien peca contra nosotros, sino que también lo esperamos. Recordamos que nuestra disculpa no fue un prerrequisito para el ofrecimiento del perdón Dios. Por tanto, no deberíamos requerir una disculpa para ofrecer nuestro perdón a aquellos que pecan contra nosotros. Los celos, el conflicto y la competencia desaparecen cuando confesamos nuestros pecados juntos. Una comunidad que ora confesando es una comunidad que tiene paz.

Una comunidad con los pies en el suelo. La confesión hace que todos tengamos los pies en el suelo. Nos damos cuenta de que, si realmente estamos tocando fondo, es imposible tratar a alguien de manera altiva. Al ser guiados en oraciones de confesión por los más «respetables» entre nosotros, nadie siente la necesidad de actuar. Cuando los líderes de la iglesia confiesan sus debilidades, los miembros no ven sus propias flaquezas como algo extraño o descalificante. Las oraciones de confesión recuerdan a los cristianos con conciencias más débiles que no les ha sobrevenido ninguna tentación que no sea común a todas las personas, incluidas aquellas a las que más admiran. La confesión colectiva nivela el campo de juego, lo cual da un gran testimonio tanto al cristiano como al que no es cristiano por igual.

AGRADECIMIENTO: ¿POR QUÉ YO?

A través de la oración de adoración recordamos que Dios no tiene la obligación de hacer nada bueno por ninguno de nosotros. Por medio de la oración de confesión, recordamos que Dios ha hecho por nosotros exactamente lo que no está obligado a hacer. Él nos ha creado, nos ha cuidado, nos ha provisto, nos ha perdonado, nos ha adoptado; y la lista continúa. Él es bueno con toda su creación de muchas maneras diferentes, pero es especialmente bondadoso con sus hijos. Él está sentado en los cielos y hace como le place, y a él le complace hacernos bien a pesar de nuestro pecado. Esto nos da toda razón para alabarle.

La única respuesta apropiada para la gracia es la gratitud. No obstante, a menudo respondemos a la gracia como si nos perteneciera, lo cual se ve más claramente en nuestras quejas. La mejor manera de ver si tu corazón está lleno de agradecimiento o de orgullo es considerar qué quieres decir cuando haces la pregunta: «¿Por qué yo?». El corazón orgulloso pregunta: «¿Por qué yo?» y quiere decir: «Dios, ¿por qué no respondiste mis oraciones como yo quería?». Pero el corazón humilde pregunta: «¿Por qué yo?» y quiere expresar: «Dios, ¿por qué has sido tan bueno conmigo? No te merezco, ni ninguno de tus regalos». Tomarse el tiempo para agradecer a Dios juntos por cosas específicas que ha hecho por nosotros debería fomentar corazones de humildad y gratitud. Mediante la oración de agradecimiento, los que nos quejamos somos llamados a contar nuestras bendiciones y a recordar que hemos recibido más de lo que merecemos. Y es todo gracias a Dios.

Este tiempo de agradecimiento es vital en nuestra reunión dominical porque un espíritu angustiado puede ser un gran obstáculo para escuchar las palabras de Dios llenas de gracia (véase Éx. 6:9). Una moneda puede bloquear nuestra vista del sol resplandeciente si la sostenemos cerca de nuestros ojos. Asimismo, nuestros problemas pueden cegarnos a la gloria de Dios si vivimos en ellos lo suficiente.

En ocasiones considero la omnipotencia de Dios, y luego considero todo lo que sigue roto en este mundo y en mi vida, y me quejo. Pero cuando veo a mis hermanos y hermanas dando gracias a Dios pese a —e incluso por— las diversas dificultades que hay en sus vidas, mi corazón es redireccionado hacia la gratitud y el gozo. Como iglesia deberíamos desear lamentar todo lo que está mal en este mundo y, sin embargo, regocijarnos a causa del carácter y las promesas de Dios (véase 2 Co. 6:10). Una oración de agradecimiento deja que el resplandor de la gloria de Dios opaque nuestros problemas del tamaño de una moneda.

INTERCESIÓN/SÚPLICA: ¡NECESITAMOS TU AYUDA!

Habiendo orado todo lo anterior, se nos recuerda que Dios se glorifica cuando descansamos en él. Él cuida de quienes lo hacen su refugio (Nah. 1:7). Hay tanto que nos agobia, especialmente en esta era de las redes sociales. Nuestros problemas personales se mezclan con los problemas del mundo. Las redes sociales llegan y preguntan: «¿Escuchaste sobre... otro caso de brutalidad policial... otra ley aprobada que demoniza los valores cristianos... otras elecciones polarizadas... el fracaso moral de otro líder cristiano... otro mártir... otro aborto... otro amigo diagnosticado con cáncer?». La lista sigue y sigue. Aunque no queremos permanecer callados en conversaciones referentes a estos temas, queremos iniciar la conversación con Aquel que está sentado por encima de nosotros. La oración de súplica durante la adoración colectiva nos permite entregar nuestras cargas a Dios.

En mi iglesia, nuestros miembros nos dirigen en oraciones de adoración, confesión y agradecimiento. Como pastores, hemos decidido guiar la oración de súplica. Hacemos esto para ampliar el horizonte de lo que nuestra comunidad cree que puede pedir a Dios. En esta época domesticada y amansada del cristianismo, reconocemos que la gente tiende a ser bastante limitada en lo que pide. Queremos mostrar que está bien pedirle a Dios por cosas como sanidad. Está bien hacer persistentemente la misma oración. Está bien pedirle a Dios cosas sin decir siempre: «Si es tu voluntad, Dios». Por supuesto, queremos que nuestros corazones deseen la voluntad de Dios por encima de todo lo demás, pero muchos de nosotros dudamos del poder y del deseo de Dios para hacer grandes cosas en nuestras vidas. Queremos exhibir la grandeza de Jesús al pedir grandes cosas en su nombre. A veces, en su providencia, Dios dice: «No», y a través de ello crecemos juntos. Pero también hemos hecho grandes peticiones a Dios y le hemos visto responder mucho más allá de lo que pudimos pedir o pensar. De cualquier manera, nuestra fe se fortalece como familia cuando juntos pedimos a Dios su ayuda.

PONERLO EN PRÁCTICA

Puedes ver la necesidad y el beneficio de todas estas oraciones, pero podrías estar preguntándote: ¿cómo pongo todo esto en práctica durante una reunión de iglesia? Estas son tres directrices que pueden ser de ayuda.

En primer lugar, promover un ambiente de participación no significa excluir el liderazgo. Las iglesias que no están acostumbradas a poner en práctica estas cuatro oraciones en sus reuniones semanales, necesitan que los líderes establezcan el ejemplo y enseñen. No se trata de una oración privada. Se trata de guiar a toda la congregación a orar juntos. Por tanto, los pastores deberían considerar el carácter y la capacidad de las personas a quienes piden dirigir estas oraciones.

En segundo lugar, quienes dirigen públicamente las oraciones deberían, por lo general, pasar tiempo de antemano preparándose. Aunque no quieres que las personas lean un ensayo y lo llamen oración, tampoco quieres que improvisen. La preparación evita que la gente divague y haga repeticiones irreflexivas. Ayuda a las personas a orar de manera sustancial, consciente, sensible y con intención. Sirve a todos los que participan escuchando, manteniéndolos interesados. Acercarse a Dios requiere de concentración, atención y claridad. Ayuda a los que oran a considerar el peso de aquello para lo que se preparan: guiar al pueblo de Dios para adorarle.

En tercer lugar, ve despacio. No tenemos prisa. La oración es una parte vital de la reunión que no puede ser pasada por alto o apresurada.

UNA COMUNICACIÓN VARIADA

Como iglesia, deseamos que la adoración sea colectiva. Queremos mostrar la variedad del pueblo de Dios hablando con Dios de diferentes formas. Queremos que nuestra comunidad y que nuestros visitantes vean que puede haber oraciones significativas de varias maneras en un período de tiempo corto. Todo esto es posible cuando hacemos énfasis en la oración en nuestras reuniones dominicales.

Nuestro Dios quiere una relación profunda con su pueblo. Y cuanto más profunda es la relación, más variada es la comunicación. Exploramos la maravilla de quién es Dios durante nuestra oración de adoración. Abrazamos la misericordia que él brinda durante nuestra oración de confesión. Reflexionamos en todo lo que ha hecho por nosotros en nuestra oración de agradecimiento. Descansamos en él y sentimos su fortaleza en nuestra oración de súplica. Al incluir estas oraciones en nuestra reunión dominical, reflejamos la anchura y la profundidad de nuestra relación con Dios.

Al principio de mi pastorado, visité una iglesia que carecía de la mayoría de mis preferencias de estilo, incluyendo su estilo de música y predicación. Pero oraban como describí en este capítulo.

La oración desempeñaba un rol principal en su reunión. Nunca había experimentado un sentido de participación desde las bancas como lo hice en esa reunión. No salí solo sintiendo que había recibido algo, sino que había participado en algo, es decir, en la adoración. Esta iglesia me pidió que participara y me acercara a Dios junto con su pueblo. Fue como el béisbol. Lo que podría haberme aburrido como espectador, me capturó como participante. Degustamos la gloria de Dios de una manera única al participar juntos en la adoración colectiva a través de la oración.

7

APÓYATE EN MÍ

El papel de la oración en el cuidado colectivo

APOYARSE O APRENDER

Fue en el año 1992. Yo tenía ocho años de edad y justo había terminado de ver las olimpiadas de verano. Había decidido que sería gimnasta cuando creciera. Pero primero lo primero: Tenía que aprender a hacer una voltereta hacia atrás. Fui a la librería de mi escuela, descifré el misterio de lo que era el Sistema Decimal Dewey, y encontré un libro de gimnasia. Salté a la sección que hablaba de las volteretas hacia atrás, la leí repetidamente y examiné los diagramas. Después de la escuela, tomé mi colchón de la planta de arriba, lo llevé hacia el jardín delantero e intenté hacer mi primer salto hacia atrás.

Adelantemos rápidamente unas cuantas tomas, y ahora mírame alejándome cojeando humillado. Aparentemente, las volteretas hacia atrás son más fáciles de leer que de hacer. Tenía que practicar. Tenía que aprender cómo depender de mis manos para soportar el peso de mi cuerpo mientras giraba hacia atrás en el aire.

Parece que no puedes aprender —o enseñar— dependencia de manera didáctica. La dependencia no se adquiere aprendiendo, sino apoyándote. Así como no pude aprender a hacer una voltereta hacia atrás leyendo libros, no puedes enseñarle a una iglesia a depender de Dios solo con proposiciones. La práctica es necesaria, y esa práctica es la oración. Una iglesia que practica la oración es más que una iglesia que aprende; también es una iglesia que se apoya. Es más que una iglesia que sabe; también es una iglesia que siente. Aprendemos dependencia al apoyarnos juntos en Dios.

OBLIGADOS A APOYARNOS

Nuestra iglesia se vio forzada a apoyarse. El sufrimiento en los primeros años de la vida de nuestra iglesia hizo que nuestra dependencia en Dios fuera tangible. Nuestros primeros nueve meses no estuvieron llenos de bodas, nacimientos, miembros nuevos y conversiones. La emoción que caracteriza a muchas plantaciones de iglesia llenas con un montón de veinte y treinta añeros no se hallaba por ningún lado. En cambio, era tan sombrío como un invierno en Seattle. En marzo, un miembro de la iglesia sufrió la muerte de su figura materna y mentora. En abril, mi hermano falleció. En mayo, otro miembro de la iglesia perdió a su hermana por el cáncer. El 7 de junio de 2015, el día en que nuestra iglesia realmente se inauguró, recibimos la noticia de que la abuela de mi esposa acababa de morir.

Lo mismo ocurrió en julio, agosto, septiembre y octubre. Hubo algunos momentos memorables, como el bautismo en octubre de un miembro de la iglesia de cincuenta y tres años, cuyo diagnóstico de cáncer fue usado por Dios para despertarla de su enfermedad del pecado. Pero el 30 de enero de 2016, ese mismo cáncer que le presentó a Jesús, nos la arrebató y le dio un encuentro cara a cara con su Salvador. Nos regocijamos cuando la bautizamos, y lloramos cuando la enterramos solo unos meses después.

La vida nos había lisiado. El gozo era elusivo. La tristeza estaba cerca. Nos vimos forzados a aprender lo que significaba apoyarse en Dios mientras cuidábamos los unos de los otros. No teníamos palabras de sabiduría, o los recursos adecuados para cuidar de las necesidades de todos. No estábamos bien equipados para lidiar con las cargas que nos habíamos comprometido a llevar. Con todo, aprendimos una lección: cuando la vida te pone de rodillas, no te apresures en levantarte. En cambio, apresúrate a buscar a Dios en oración. En la escuela de la aflicción, aprendemos a apoyarnos.

Mi pregunta para ti es esta: ¿Dónde aprenden realmente las personas a apoyarse en Dios en tu iglesia? ¿Hay un espacio para que aprendan lo que es la dependencia? ¿Existe un tiempo apartado para ello? ¿O se supone que la gente tomará las instrucciones y los diagramas presentados durante la predicación y trabajará la parte de la dependencia por su cuenta? Afortunadamente, no se espera que seamos innovadores. No tenemos que inventar nuevas estrategias o planes para ayudar a las personas a aprender lo que significa apoyarse en Dios. Solo necesitamos ser investigadores de lo que Dios ya ha expuesto. Incluso si vemos la Palabra de Dios de manera rápida, veremos que la solución está bajo nuestras narices.

ENFÓCATE EN LO OBVIO

Una de las lecciones más importantes que aprendí en lo que a estudios bíblicos se refiere, queda capturado en el acrónimo EELO: Enfócate en lo obvio. Nuestro primer paso en un estudio bíblico debería ser buscar las cosas que son evidentes para cualquier lector. No comiences con una lupa. Empieza con una toma aérea. Para entender la importancia de la oración en la vida de la iglesia, uno solo tiene que aterrizar en el Libro de Hechos.

Para ser claros, los detalles son importantes. Toda la Biblia es inspirada por Dios, y Dios escogió cuidadosamente a quienes la escribieron. Lucas, el médico que escribió el Evangelio según Lucas y los Hechos, fue meticuloso al dar un relato detallado y ordenado de la vida de Jesús (véase Lc. 1:1-4) y del inicio de la iglesia (véase Hch. 1:1-3). Quiso que su audiencia estuviera segura de las cosas que él había aprendido.

Lucas caracteriza a la iglesia como un pueblo de oración. Incluso una lectura rápida del Libro de Hechos nos muestra la prevalencia de la oración colectiva.

- Los discípulos oran juntos de manera general y por sabiduría al establecer a otro líder para que ocupe el lugar de Judas (1:12-26).

- La iglesia ora constantemente unida como rutina general de sus vidas (2:42-47).

- Pedro y Juan (juntos) van al templo durante la hora de la oración (3:1).

- La iglesia ora por valentía frente a la oposición (4:23-31).

- La iglesia ora por la bendición de los líderes seleccionados. Los apóstoles permanecen devotos a la oración colectiva (6:1-6).

- Esteban, el primer mártir, ora por el perdón de aquellos que lo asesinan (7:59-60).

- Pedro y Juan oran juntos con los santos en Samaria para que ellos puedan recibir el Espíritu Santo (8:14-15).

- Pedro le ordena a Simón que se arrepienta y ore para que la intención de su corazón sea perdonada, y Simón le pide a Pedro que se una a él (8:22-24).

- Pedro ora y ve que una mujer resucita de los muertos (9:40).

- Cornelio ora continuamente al Señor, y Dios le da dirección para la salvación (10:1-8).

- Pedro sigue su régimen de oración, y Dios confronta sus prejuicios personales y su limitada visión de Dios (10:9-23).

- La iglesia ora unida por la liberación de Pedro (12:1-5).

- Pedro es liberado y va a una reunión de oración (12:12).
- La iglesia ayuna y ora para que Dios multiplique su obra (13:1-3).
- Pablo y Bernabé constituyen ancianos y los encomiendan al Señor con oración y ayuno (14:23).
- Pablo, Silas y Lucas van colectivamente a un lugar de oración (16:16).
- Pablo y Silas oran juntos en la cárcel. (Nada puede impedir que estos hermanos oren juntos) (16:25).
- Pablo ora junto a los pastores mientras se prepara para dejar a una iglesia (20:36).
- Pablo ora con la familia de Dios antes de zarpar hacia Jerusalén. Este finalmente sería el viaje en el que su decisión de morir por Cristo sería puesta a prueba (Hch. 20:24; 21:1-14).
- Lucas, Pablo y la tripulación del barco oran juntos porque temen naufragar (27:29).
- Pablo ora por la sanidad de un hombre que sufre disentería. Él es sanado, y el resto de la gente en la isla viene para recibir sanidad (28:8-9).

¿Ves a lo que me refiero? La oración se menciona no menos de veintiún veces en Hechos. Además, estas oraciones son inherentemente colectivas. Cada vez que se menciona la oración, se involucra de manera abrumadora a otros. Incluso en los casos que los individuos oran, involucran relaciones interpersonales (por ejemplo, Esteban ora por sus asesinos para que sean perdonados y así incluidos en la familia de Dios; Pedro y Cornelio se reunieron por medio de sus oraciones privadas). Lucas resalta que la iglesia hizo más que aprender verdades sobre Dios. Verdaderamente se apoyaban en él. En Hechos, los cristianos se reunían con regularidad para la oración. ¿Por qué será que esta clase de oración está ausente en muchas de nuestras iglesias hoy?

RECUPERAR LA REUNIÓN DE ORACIÓN

Mientras que el capítulo previo hablaba de orar cuando nos reunimos para adorar, quiero examinar la otra cara de la moneda aquí. Debería haber tiempos rutinarios en las vidas de nuestras iglesias cuando nos reunimos con el solo propósito de orar. Esto es diferente a orar durante la adoración colectiva, pero es igual de necesario. La oración durante la adoración colectiva son las patatas para el bistec de la Palabra predicada. En la reunión de oración, los roles se invierten. Ahora nuestra oración los unos con los otros se convierte en el plato principal. Nos cuidamos mejor entre nosotros al apoyarnos juntos en Dios.

Sé que la idea de una reunión de oración no suena muy glamurosa. El problema es que las iglesias y los pastores constantemente sienten la presión de la innovación. Nuestra sociedad está obsesionada con la innovación, por lo que lo común y lo simple se devalúa regularmente. La gente quiere algo fresco, nuevo y emocionante. Los pastores como yo somos tentados a pensar que necesitamos crear eventos emocionantes a los que la gente quiera asistir. Sin embargo, las reuniones de oración son raramente emocionantes. Las personas llegan a una sala, comparten sus cargas entre sí, y las presentan juntas ante Dios con los ojos cerrados y las cabezas inclinadas.

La verdad es que no necesitamos innovar. Solamente tenemos que ser intencionales. La reunión de oración no pretende ser un parque temático. Se parece más a un almacén, y todos somos automóviles sin maleteros. Nunca fuimos diseñados para almacenar nuestras preocupaciones dentro de nosotros (véase Sal. 13:2). Fuimos creados para descargar esas cosas ante Dios. La reunión de oración no es un lugar de atracción, sino un lugar de necesidad. Es un lugar en el que la gente llega con cargas y se va sin ellas porque han sido puestas en las manos de Dios. Aquí, nos reunimos para apoyarnos juntos en Dios, por el bien de cada uno. ¿Dónde está ese espacio en tu iglesia?

NUEVA RESPONSABILIDAD, NUEVA CATEGORÍA

Establecer o recuperar una reunión de oración consistente hace al menos dos cosas para una iglesia: (1) refuerza nuestro sentido de responsabilidad por los demás, y (2) provee una categoría nueva para evaluar qué tan bien estamos llevando las cargas y penas de los demás.

Al llorar con los que lloran y regocijarnos con los que se regocijan (Ro. 12:15), se nos recuerda que somos parte de una familia. Recordamos que cada uno de nosotros posee una identidad más grande. El «yo» se ha convertido en «nosotros». Ya no somos individuos consumidos en nuestros propios mundos. Somos partes interdependientes de un cuerpo llamado a dar gracias y afligirse juntos. Nuestros gozos y sufrimientos ya no son meramente personales y confidenciales; están diseñados para sentirse de forma vicaria. Todos en la comunidad estamos llamados a experimentar el gozo de la bondad de Dios en las vidas de otros mientras que simultáneamente inhalamos el humo ajeno de las dificultades de otros. Como familia, nos reunimos para compartir estas cosas, y luego llevarlas a Dios en alabanza y petición.

Orar juntos también nos da una categoría nueva para definir el éxito. No somos Dios. No somos omnipotentes. No podemos cambiar las cosas. No somos omniscientes, por lo que nuestro conocimiento para aconsejar a otros es limitado. Y no somos omnipresentes, así que estamos limitados en nuestra capacidad de estar con las personas en sus tiempos difíciles. Sabemos todo esto, pero cuando somos conscientes de los crecientes problemas en las vidas de nuestra familia de la iglesia, nos desinflamos fácilmente. Cuando escuchamos sobre una infidelidad imprevista, de un cáncer inesperado, de una muerte inimaginable, o de un accidente inevitable, es muy fácil pensar en lo que «deberíamos haber hecho» o en lo que «podríamos haber hecho». Sabemos que no somos Dios, pero eso no impide que nos sintamos culpables al respecto.

Aquí es donde entra la nueva categoría. El éxito no se define por lo bien que prevenimos las tragedias. En nuestras oraciones, alabamos a Aquel que es omnipotente, omnisciente y omnipresente. Nuestras oraciones les recuerdan a los que están en necesidad que tenemos acceso a este Dios increíble. Nos liberan de la engañosa carga de ser dios al llevar estas peticiones ante Dios mismo.

Por supuesto, todo eso podría verse como una excusa, para lavarse las manos. La vida es dura, y no podremos llevar todas las cargas de manera perfecta. Entonces ¿por qué molestarnos?

¿Alguna vez has notado que, en el Libro de Rut, todos los que le piden a Dios que haga algo por alguien más en realidad terminan siendo usados por Dios para hacer exactamente eso por lo que habían orado (véase Rt. 1:9; 2:12, 15-18; 3:1-4; 4:13)? Orar juntos no busca frustrar nuestro trabajo, sino estimular nuestra labor al hacer que nos preocupemos más por las vidas de los demás. La oración enlaza nuestros corazones a los que están en necesidad y aumenta nuestra preocupación y deseo de servir.

DIRIGIR LA REUNIÓN DE ORACIÓN

Pasemos un poco de tiempo en los detalles prácticos básicos de dirigir verdaderamente una reunión de oración. Estas son solo sugerencias y lecciones aprendidas por nuestra iglesia a medida que hemos buscado cultivar una cultura de oración en unidad. Plantamos nuestra iglesia hace dos años, pero comenzamos a reunirnos para orar como cuerpo un año antes. Por tanto, durante los últimos tres años nos hemos reunido juntos al menos una vez al mes para una reunión de oración.

Abajo encontrarás algunos pensamientos sobre cómo reunirnos para orar nos ha ayudado a cuidar de nuestra iglesia. Espero que te ayuden a considerar cómo puedes abordar las reuniones de oración en tu iglesia. Esta lista no está ordenada por el grado de importancia; sencillamente es una colección de ideas.

Agenda una reunión de oración. Encuentra una hora que sea adecuada para tu iglesia. Nosotros empezamos a hacerlas una vez al mes los sábados por la tarde de 5 a 7. Luego nos dimos cuenta de que en una iglesia llena de parejas jóvenes con niños pequeños, esa era la peor hora para una reunión de oración. Después de un año, probamos una hora más conveniente.

Elimina todo lo que compita por el tiempo de las personas. La oración es una disciplina difícil de aprender, por lo que debemos eliminar cualquier distracción. Quitamos los grupos pequeños el primer miércoles del mes para que ninguna otra actividad de la iglesia compita con nuestro tiempo de oración. Proveemos comida y cuidado infantil para que las personas no tengan que preocuparse por cocinar o tener que encontrar una niñera. Invertimos mucho de nuestro presupuesto en nuestro tiempo de oración. Queremos que su importancia se refleje en los grandes esfuerzos que realizamos para que todos estén allí. Ahora nos reunimos una vez al mes, pero nuestro objetivo es avanzar para orar como iglesia más de una vez al mes. Queremos crecer constantemente en la prominencia que damos a este tiempo.

Inicia con la Palabra. Cuando nos reunimos los domingos, la Palabra predicada es el bistec. Este no es ese tiempo. Aun así, la Palabra es una parte vital de lo que tratamos de hacer. Así que comenzamos con un estímulo de cinco a quince minutos de la Palabra de Dios, y esto sirve como la base para la oración esa noche. Al escribir este capítulo, recibí un mensaje de texto de un nuevo miembro de nuestra iglesia que quedó impactada por el concepto del papel de la Escritura al orar juntos. Ella escribió: «Orar a través de la Escritura ha sido verdaderamente útil. Mis oraciones no solo son más profundas, sino que hay más seguridad en ellas, más revelación del carácter de Dios, de la centralidad de Cristo y de la obra del Espíritu. Me lleva al arrepentimiento en lugar de a la rebelión, y a la convicción en vez de a la condenación. Es tan fácil reemplazar la voz de Dios con la mía, pero al leer la Escritura y orarla a Dios, eso ocurre mucho menos». Ella está aprendiendo a apoyarse en la Palabra, no en proposiciones, sino en la práctica. ¡Esa es la meta!

Llena la lista de oración principalmente con las preocupaciones del reino, de todo el cuerpo y de la vida (las más importantes). Las reuniones de oración se vuelven tediosas e improductivas cuando se convierten en largas listas de problemas de salud, particularmente de personas que no son miembros de la iglesia. «¿Podemos orar por la próxima cirugía de vesícula biliar de mi vecino?». Por tanto, encuentro útil asegurar que todas las peticiones de oración pasen por mí o por quien sea que esté dirigiendo la reunión de antemano. A veces incluso le digo a las personas que con gusto oraría por ellas en ese momento y lugar, y que pueden compartir esa inquietud con su grupo pequeño, pero que tratamos de usar la reunión de la iglesia para algo diferente. Intentamos usarla primordialmente para las preocupaciones del reino, de toda la congregación y para los asuntos más importantes de la vida. Entonces usamos la reunión para examinar mi lista pre planificada.

Al llenar la lista, incluye alabanzas y peticiones. «Gozaos con los que se gozan; llorad con los que lloran» (Ro. 12:15) es un gran bosquejo para las reuniones de oración. Busca historias alentadoras en tu iglesia. Alaba lo que quisieras ver más. Ora por el éxito de la misión en las vidas de los miembros de la iglesia. Esto ayuda a la iglesia a saber que Dios es quien brinda estas oportunidades y no nosotros. Hablaremos más sobre esto en el siguiente capítulo.

También debemos pedirle a Dios por las preocupaciones del reino y los asuntos más importantes de la vida como salud, empleos, recursos, adopciones exitosas y oportunidades evangelísticas. Dediquemos tiempo a orar para que familiares sean salvos, para que el cáncer sea sanado, para que los compañeros de trabajo lleguen a la fe, y por los problemas de infertilidad. Esto crea una onda de empatía y cuidado que se extiende mucho más allá de las relaciones personales de la gente. Esto le da a las personas las herramienta para cumplir su pacto de cuidar las almas de los demás.

La lista de oración (no los elementos de la reunión dominical, ni el estilo de la predicación, ni siquiera la composición étnica del liderazgo de la iglesia) es donde a menudo la batalla por la diversidad se gana o se pierde. Lo que constituye la lista de oración es con frecuencia un reflejo de quién ora y qué problemas se ven como reales, relevantes e importantes. Una amiga mía formó parte de una iglesia que rechazaba orar por cualquier cosa relacionada con Mike Brown, Trayvon Martin, Alton Sterling, Eric Gardner, Laquan McDonald, o cualquier otro afroamericano que había sido asesinado a manos de la aplicación de la ley, porque estos asuntos estaban «demasiado politizados» y causarían división en su iglesia. Esto la frustraba. Ella no quería que su iglesia marchara en Washington o colgara una bandera de Black Lives Matter en el campanario. Simplemente quería que oraran como cuerpo por estos asuntos porque sabía que eran profundamente significativos para muchas de las minorías de la iglesia.

Esa iglesia fracasó en identificar algo que era evidente para la iglesia primitiva: fomentar la unidad en la diversidad implica más que incluir elementos culturales en una reunión dominical;

implica mostrar solidaridad a las minorías en las luchas que estas enfrentan. En Hechos 6, las viudas griegas fueron pasadas por alto en la distribución de los alimentos. Los Doce convocaron «a la multitud de los discípulos» y establecieron una búsqueda en toda la iglesia para nombrar a los primeros proto diáconos (Hechos 6:2). La iglesia entonces escogió a siete hombres con nombres griegos. En Hechos 15, la iglesia defiende la inclusión de los gentiles en el pacto de la familia de Dios al no exigirles ser judíos. Ambos acontecimientos estuvieron caracterizados por la discusión y la oración que incluían las preocupaciones de las minorías.

La batalla por la diversidad todavía se gana o se pierde aquí hoy. La diversidad es más sobre las prioridades que sobre los programas. Y una iglesia ora por lo que prioriza. Tus listas de oración sirven esencialmente como etiquetas de precios de los acontecimientos actuales y de las preocupaciones de la iglesia; asignándoles valor o devaluándolos. Por tanto, no llenes la lista de oración en aislamiento. Llena la lista con las preocupaciones de todo el rebaño. Las honorables zancadas hacia la diversidad se maximizan cuando oramos juntos a nuestro Padre que no tiene hijos favoritos (véase Hch. 10:34).

Finalmente, incluimos cosas en nuestra lista de oración que la iglesia nunca debería dar por sentado. Si usas muletas durante mucho tiempo, a veces puedes olvidar que utilizas algo para sostener tu peso. Lo mismo sucede cuando nos apoyamos en Dios para su provisión. Él es fiel. Si no recordamos esto, es fácil pensar que nos sostenemos a nosotros mismos por nuestra propia fuerza.

Así pues, oramos por las mismas cosas en cada reunión para recordarle a nuestra iglesia nuestras prioridades y cómo podemos apoyarnos en Dios al respecto. Oramos para que Dios nos mantenga atados a su Palabra. Oramos para que no permita que atribuyamos nuestro crecimiento a cualquier otra cosa que no sea su bondad soberana. Oramos para que él provea para nuestras necesidades como iglesia. Pedimos que nos convierta en un ambiente acogedor para los visitantes, y nos ayude a amar a todos nuestros prójimos sin parcialidad. Pedimos valentía en nuestra evangelización y fruto de las conversiones. Los detalles varían de mes a mes, pero estas peticiones se mantienen constantes.

Insta a las personas para que oren, pero no permitas que oren demasiado tiempo. Queremos que participen tantas personas como sea posible en estas oraciones. Queremos mostrarle a la gente lo fácil que es orar por otros. No toma mucho tiempo. De hecho, las oraciones largas en las reuniones de oración a menudo pueden matar el impulso. No somos escuchados por nuestras muchas palabras, y eso es algo bueno. Creo que Jesús nos enseña en Mateo 6, que nuestras oraciones se miden por su fuerza, no por su duración. Además, si tienes a veinte personas orando por veinte peticiones, y cada una ora durante cinco minutos, eso es una hora y media de oración. Charles Spurgeon nos da palabras de sabiduría sobre las oraciones largas:

> Y no vacilen en advertir al querido Sr. Verborrea que, si Dios le ayuda, no consentirán que se pase veinticinco minutos orando. Ruéguenle encarecidamente que acorte su oración y, si no lo hace, interrúmpanlo ustedes. Si un hombre entrara en mi casa con el propósito de cortarle el cuello a mi esposa, procuraría persuadirle de lo repudiable de su intención, pero después le impediría enérgica y eficazmente hacer daño alguno a mi mujer. Amo a la iglesia casi tanto como a mi querida esposa y, por tanto, si alguien desea explayarse orando, puede hacerlo en otra parte, pero no en la reunión que yo presida. Si alguno no puede orar en público sin exceder un tiempo prudencial, díganle que complete su oración en casa.[1]

Recuerda los ingredientes principales. No juzgues el éxito por los números. Solamente necesitas dos ingredientes para iniciar una reunión de oración exitosa: cargas, y hermanos y hermanas que estén dispuestos a orar. No necesitas el permiso de nadie. Ya seas pastor o miembro, tienes la capacidad de ser un ejemplo de dependencia del Señor de una manera que nadie objetaría.

---

1   Charles H. Spurgeon, *The Soul Winner (Updated Edition): How to Lead Sinners to the Saviour* (Ganador de almas: Cómo guiar a pecadores al Salvador) (Abbotsford, WI: Aneko Press, 2016), 84.

¿Escuchas un problema? Eleva una oración. Pídele a las personas que oren contigo. Tienes todo lo que necesitas. Desarrolla el hábito de finalizar cada conversación con la pregunta: «¿Cómo puedo orar por ti?», y luego ora por la persona justo allí en ese momento, u ora después si el tiempo no lo permite. Al hacer esto verás que no todas las reuniones de oración deben programarse.

PERMISO PARA DEJAR LAS COSAS SIN HACER

Reunirnos para orar nos ayuda a abrazar nuestra responsabilidad mutua mientras que nos permite estar contentos con nuestras limitaciones. No somos los salvadores de nadie. La oración nos permite dejar las cosas sin acabar en las vidas de la gente. Nos damos cuenta de que no somos Dios, y que no tenemos el poder de dar resoluciones inmediatas a los problemas. Dios es el único que puede calmar las tormentas furiosas con una sola palabra. Nosotros no podemos. Nosotros podemos predicar la Palabra de Dios, y luego descansar en él para que él haga lo que solamente él puede hacer. Admitimos esto cuando oramos.

Al dejar una iglesia en la que desempeñó un papel complicado en su crecimiento durante tres años, el apóstol Pablo apartó a los pastores a un lado y les dijo, en pocas palabras: «Me voy. Los lobos vienen, pero yo no soy la respuesta a vuestros problemas futuros. Deberíais apoyaros en Dios y en su Palabra. Oremos. ¡Hasta luego!» (véase Hch. 20:25-38). La oración nos da permiso para dejar problemas sin resolver y personas sin terminar, por ahora, sin sentir que les hemos fallado. Orar por alguien no es una escapatoria con respecto a ayudarles realmente. Con frecuencia es lo mejor que podemos hacer en el momento. De hecho, orar por alguien es un acto de amor porque los ponemos en las manos de Aquel que puede resolver cualquier problema. Dios ha prometido culminar su obra en nuestras vidas. Cuando nos reunimos ferviente y frecuentemente para orar, le pedimos a Dios que cumpla esta preciosa promesa, y descansamos sabiendo que él lo hará absolutamente.

8

HACER LO CORRECTO
El papel de la oración en las misiones

EL DESCONTENTO LLEVA A HACER ALGO

Era el año 1997. Cuenta la leyenda que un hombre llamado Reed Hastings venía de regreso de solventar una deuda con un despiadado acreedor cuando se le ocurrió una idea para un nuevo negocio. ¿El cruel acreedor? Blockbuster Video (¿recuerdas esos?). ¿La ofensa? Aparentemente, a Hastings le cobraron cuarenta dólares por perder el casete de VHS (¿recuerdas esos?) de *Apollo 13*. Frustrado y desmoralizado por la burocracia corrupta de la industria de alquiler de vídeos, decidió que era tiempo de que alguien hiciera algo al respecto. Su descontento lo llevó a luchar por la liberación y la libertad de quienes alquilan vídeos en todas partes.

Y así fue como inventó Netflix, un servicio que te permite conservar vídeos el tiempo que desees sin cargos tardíos.[1] Hastings tomó su frustrante circunstancia y la convirtió en oro (por

---

1   Blake Morgan, «Netflix and Late Fees: How Consumer-Centric Companies Are Changing the Tide» («Netflix y los cargos por demora: Cómo las compañías enfocadas en el consumidor están cambiando el panorama»), *Forbes.com*, 7 de octubre de 2016, https://www.forbes.com/sites/blakemorgan/2016/10/07/netflix-late-fees-and-consumer-centric-ideas.

así decirlo). Digo «cuenta la leyenda» porque la autenticidad de esta historia se ha cuestionado.[2] Aunque pueda que sea cierta o no, esto plantea algo importante: el descontento a menudo lleva a la acción.

Aunque todas las iglesias tienen algo por lo cual estar descontentas, el descontento más común implica hacer que los miembros de la iglesia vivan misionalmente. A fin de establecer una base, simplemente usemos la palabra *evangelización* cuando hablemos de nuestra misión como cuerpo. La evangelización implica hacer que nuestra gente deje las bancas para compartir el evangelio, para que otros puedan sentarse en las bancas en su camino al cielo. Tratar de animar a los cristianos para la evangelización ha sido uno de los esfuerzos más difíciles en mi tiempo como pastor. Mi descontento con esta situación me ha llevado a intentar hacer algo al respecto.

Cuando se trata de capacitar a los cristianos para nuestra misión colectiva, frecuentemente suponemos que las personas solo necesitan más preparación, más conocimiento, más apologética, más motivación y un poco más de culpa. No hay carencia de programas evangelísticos, libros sobre cómo evangelizar apropiadamente, o anuncios de Facebook que garanticen el crecimiento de la iglesia. Algunos de estos esfuerzos ayudan. Sin embargo, no

---

2   Gina Keating, «Five Myths about Netflix» («Cinco mitos sobre Netflix») *The Washington Post*, 21 de febrero de 2014, https://www.washingtonpost.com/opinions/five-myths-about-netflix/2014/02/21/787c7c8e-9a3f-11e3-b931-0204122c514b_story.html.

creo que el principal obstáculo para la evangelización sea la aptitud, lo que quiere decir que la mejor solución no es solo más entrenamiento. Ciertamente, la capacitación es parte de la solución, pero si vienes de un trasfondo como el mío, entonces has estado en iglesias con personas bastante competentes, pero con poca actividad evangelística.

Si nuestro principal problema fuera la aptitud, entonces los programas de capacitación evangelística no tendrían que actualizarse, reinventarse y ser objetos de innovación constantemente. Incluso después de ser competentemente entrenados, la inseguridad siempre se filtra de nuevo, ¿no es así? Moisés se encontró con Dios en la zarza ardiente, fue equipado con un puñado de milagros, y todavía sentía que no estaba preparado. A diferencia de Moisés, la mujer en el pozo era una gran evangelista con muy poca experiencia (véase Juan 4). La necesidad de más capacitación es a menudo una buena excusa para que cobardes como yo se mantengan alejados de la tarea de la evangelización. Identificar erróneamente un problema nos llevará a hacer algo, pero no nos llevará a hacer lo correcto.

EL PROBLEMA: LA ANSIEDAD Y LA APATÍA

Cuando alguien se convierte en cristiano, no pasa mucho tiempo antes de darse cuenta de que tiene trabajo que hacer. Se ve obligado a compartir su fe con otros para que también ellos puedan convertirse en cristianos. Se da cuenta de que desempeña un papel en ayudar a otros a convertirse en cristianos. Pero el mandato de extender el evangelio llega con una cuestión que es difícil de resolver. Es esta: Dios es soberano, pero me llama a evangelizar. Solo Dios salva, pero se supone que debo compartir el evangelio para que la gente se salve.

Entonces, ¿es esta una obra de Dios o mía? La gente tiende a inclinarse a una de las dos vías a causa de esta cuestión. Se inclinan hacia la ansiedad porque lo estropearán, o hacia la apatía porque Dios salvará a quien quiera salvar.

La ansiedad: Aplastante

Muchos cristianos se llenan de ansiedad cuando piensan que tienen que «convertir» a otras personas al cristianismo. Entienden correctamente que tienen una responsabilidad, así que se enfocan en todo lo que tienen que hacer. Pero suponen equivocadamente que *ellos* tienen que producir los resultados, lo que los lleva a consumirse tanto por la carga de la salvación de la gente que se paralizan y terminan por no compartir el evangelio en absoluto. El temor al fracaso produce pérdida. Como una vez escuché a un predicador decir: «Las bocas cerradas conducen a un infierno abierto».[3]

---

3   Mark Dever, «Closed Mouths Lead to an Open Hell» («Las bocas cerradas conducen a un infierno abierto») (sermón, Capitol Hill Baptist Church, Washington, D.C., 24 de noviembre de 2013).

Esta ansiedad también puede llevar a los cristianos a intentar fabricar y manipular a los convertidos. Comparten el evangelio de una manera que la gente aceptará, en lugar de una manera para que entiendan. O no lo comparten en absoluto. Esto puede parecerse a «avivamientos» programados, sentimientos de culpa, bautizar a niños en un camión de bomberos, o incluso quitar partes ofensivas del evangelio. Los cristianos ansiosos o no comparten en absoluto o no lo comparten todo.

La ansiedad es demoledora. Llevamos un peso que nunca deberíamos llevar. Esta ansiedad nos impide hablar en nombre de Dios, y nos impide persistir. Cuando no obtenemos los resultados que queremos, nuestra ansiedad se refuerza. En Éxodo 5:22-23, Moisés regresa de lo que parecía ser un fracasado intento del éxodo, y le pregunta a Dios: «Señor, ¿por qué afliges a este pueblo? ¿Para qué me enviaste? Porque desde que yo vine a Faraón para hablarle en tu nombre, ha afligido a este pueblo; y tú no has librado a tu pueblo». Como Moisés, nuestra ansiedad nos lleva a preguntar: «¿Para qué me preocupe tanto? ¿Por qué pusiste esta carga en mi espalda?».

La apatía: Desentenderse

La apatía es otra respuesta equivocada cuando se trata de responder a nuestro llamado a participar en la misión de Dios. Las personas tienden a inclinarse hacia la pereza en la evangelización cuando descuidan su responsabilidad a favor de abrazar la verdad de que Dios es soberano en la salvación. Creen erróneamente que la evangelización de alguna manera se vuelve inconsecuente porque Dios tiene el control.

La apatía proviene del deseo de evitar la responsabilidad. Es un intento de navegar por la vida libre de cargas. La preocupación por las almas de las personas es una carga que debería llevarnos hasta las lágrimas (véase Ro. 10:1-4). Un antiguo mentor mío solía decir: «No hay paquete más pequeño que un hombre envuelto en sí mismo». Tampoco hay paquete más ligero. Cuando el amor por el *yo* desplaza nuestra capacidad de amar a los demás, solo estamos dispuestos a llevar nuestra propia carga.

Si Moisés ofreció el caso bíblico para la ansiedad, Jonás ofreció la prueba bíblica para la apatía. Su lógica al final del libro demostró que tenía un amor egoísta que eliminaba su capacidad de amar a otros. Dios pudo despertar una respuesta por parte de Jonás solo al atacar su comodidad. A Jonás no le preocupaban las implicaciones de la salvación de nadie más que no fuera él y la gente que amaba (su nación). Cuando tuvo la oportunidad de participar en la misión de Dios, decidió retirarse. Para empezar, no era su problema. Solo podía ver los resultados negativos potenciales. Él pensó: «¿Qué me pasará si voy?».

Moisés y Jonás nos muestran que el conocimiento bíblico sin aplicación no es suficiente. Si la ansiedad es como ser aplastado en un automóvil porque colocaste una roca sobre él, entonces la apatía es como poner el automóvil en modo automático y quedarse dormido frente al volante. En su acción e inacción, el ansioso y el apático finalmente cumplen el trabajo de Satanás. Ofrecen a las personas una sensación de falsa seguridad a través de un evangelio insuficiente (véase Mt. 7:21-24), o fracasan en presentar el mensaje que salvará a otros (véase Ez. 3:18). De cualquier forma, Satanás se complace. ¿Qué hacemos con estos dos grandes enemigos para nuestra misión colectiva? ¿Cuál es el siguiente paso?

EL REMEDIO: ORAR A UN DIOS SOBERANO

La oración es el enlace en la cadena que conecta la soberanía de Dios con nuestra responsabilidad. Podemos intentar aliviar nuestro descontento haciendo algo, o podemos hacer lo correcto. La oración es lo correcto; es donde deberíamos comenzar. La oración —alabar a Dios por sus atributos e invocarlo con sus promesas del pacto en mente— es esencial y necesario para crear una cultura de evangelización. La soberanía de Dios y nuestra responsabilidad deben trabajar juntas para deshacernos de la ansiedad y la apatía. Este entendimiento correcto se refleja cuando practicamos la oración como iglesia.

J. I. Packer menciona los dos grandes obstáculos para la salvación: «el impulso natural e irresistible del hombre para oponerse a Dios, y... la asiduidad de Satanás en guiar al hombre en los caminos de la incredulidad y la desobediencia».[4] Nos volvemos más conscientes de nuestra deficiencia cuando reconocemos que somos personas incapaces de volvernos a Dios naturalmente. Esto nos lleva a la conclusión de que: «la soberanía de Dios en la gracia nos da nuestra única esperanza de éxito en la evangelización».[5] La única esperanza que tenemos es que Dios tiene el control. La meditación en la soberanía de Dios es el medicamento que calma nuestros corazones ansiosos. Cuando se aplica correctamente a nuestras esperanzas de éxito, nuestro trabajo se vigoriza más cuando la soberanía de Dios se vuelve el motor detrás de nuestros esfuerzos.

El antídoto para llevar el peso que nunca debíamos cargar es dejar que alguien más lo lleve por nosotros. Muchos de nuestros esfuerzos evangelísticos son impulsados solamente por el pragmatismo y la estrategia, cuando el fruto continuo y duradero proviene de la oración (véase Juan 15:8, 16). Orar juntos quita la presión del «éxito» y la pone de vuelta sobre los hombros de Dios. Cuando oramos: «Padre nuestro que estás en los cielos», reconocemos que Dios es soberano y hace lo que le place. Cuando oramos para que Dios salve a alguien, admitimos que solo Dios tiene el poder de hacerlo. Cuando le agradecemos por nuestra salvación, es

---

4   J. I. Packer, *Evangelism and the Sovereignty of God* (Evangelismo y soberanía de Dios) (1961; reimpr., Downers Grove, IL: InterVarsity Press, 2008), 106.

5   Packer, *Evangelism*, 105.

porque sabemos que él nos salvó; no nosotros a nosotros mismos. Cuando oramos a Dios por salvación, nos damos cuenta de que la soberanía de Dios solo disminuye nuestra ansiedad y apatía, no nuestra actividad. Así, la oración es la bomba en la gasolinera que nos conecta con el combustible de una evangelización fiel.

Pero antes de ser movilizados para la misión, debemos saber qué es la evangelización. La evangelización es proclamar el mensaje del evangelio e invitar a los pecadores a que respondan. Aunque debemos ser cuidadosos en clarificar la obra de Dios en la evangelización, también debemos entender apropiadamente la nuestra. Cuando evangelizamos, colocamos el pecado en el contexto de una relación incorrecta con Dios, no sea que los no creyentes piensen en el pecado como algo diferente a transgredir la ley de un Dios santo. Debemos asegurarnos de que el pecado no sea visto como una actitud genérica, sino que se equipara con acciones específicas de las cuales debemos arrepentirnos. Por último, el pecado debe entenderse como algo que corrompe nuestra naturaleza misma como portadores de la imagen de Dios. Entender el pecado de esta manera nos ayuda a ver que no tenemos la capacidad de simplemente cambiar nuestras acciones. Necesitamos un Salvador que nos provea un corazón nuevo.

Si Dios nos ha dado una tarea con resultados que no dependen de nosotros, entonces es erróneo definir la evangelización por sus resultados. La evangelización exitosa no se mide por el resultado final, sino por nuestra fidelidad a la tarea. Buscamos instruir fielmente a la gente en el evangelio e invitarlas libremente a creer la Palabra de Dios; un perdón prometido por un arrepentimiento genuino. Esta fiel proclamación debería darnos descanso. Podemos respirar profundamente al orar para que Dios haga lo que solo él puede hacer, y para que nos ayude a hacer aquello para lo que nos llamó. Orar juntos nos llena de preocupación por los perdidos. Ya que Dios es quien hace el trabajo pesado de la salvación, podemos preocuparnos por los demás sin ser aplastados por el peso de toda esa carga que cae sobre nosotros.

Al reunirnos para orar, mantenemos fresca en nosotros nuestra preocupación por los perdidos. Spurgeon nos muestra la importancia de esto en su libro *El ganador de almas.*

> Y sin embargo, ¿qué ocurre en muchos lugares? Nadie ora con respecto a este problema, no hay reuniones para clamar a Dios por la bendición, el ministro nunca alienta a la congregación para que le hablen de la obra de gracia en sus almas. De cierto les digo, ya tiene su recompensa; tiene cuanto pidió, recibe lo que esperaba, su Maestro le da su denario, y nada más. El mandamiento es: «Abre tu boca, y yo la llenaré», y henos aquí sentados, con los labios cerrados, esperando alguna bendición.

Hermano, abre la boca, con toda esperanza y con fe firme, y de acuerdo con tu fe te será hecho.[6]

UN REMEDIO QUE REEMPLAZA

Orar juntos hace algo maravilloso a nuestra evangelización. No solo borra los obstáculos de la misma; los reemplaza. La ansiedad es reemplazada por valentía. La apatía es reemplazada por compasión. Nuestras responsabilidades se convierten en recursos para el avance del evangelio en el mundo.

Necesitamos valentía. Todos tenemos cosas de las que estar asustados. Nos falta la fuerza, la suficiencia y la sabiduría que garantizaría nuestra seguridad. Tememos ser superados y burlados. Tememos fallar, y con razón. Tenemos todos los ingredientes para el fracaso. Pero afortunadamente, Dios no tiene este temor. Nadie puede amenazarle. Él posee la valentía que nosotros necesitamos con tanta desesperación. Y estas son aun mejores noticias: él está de nuestro lado. Como el chico flaco que tiene un hermano mayor fuerte que está listo para pelear con un acosador más fuerte que él, obtenemos valentía a través de la oración porque la oración nos conecta con el poder de Dios. Observa que en los Evangelios, el impulsivo, orgulloso y cobarde Pedro no se caracteriza por la oración. No obstante, como vimos en el capítulo anterior, en el

---

6   Charles H. Spurgeon, *The Soul Winner*, 38.

Libro de Hechos, se le ve orando constantemente y, por tanto, se le ve constantemente valiente y fiel para proclamar el evangelio.

La oración reemplaza la apatía por compasión. Cuando agradecemos a Dios por nuestra salvación, recordamos que no es un logro por el que deberíamos reprender a las personas por no obtenerlo; más bien, es un regalo por el que deberíamos tener pena, al ver que no lo toman. Por medio de la oración, la pregunta de Jonás: «¿Qué me pasará si voy?» es reemplazada rápidamente por: «¿Qué les pasará a *ellos* si me quedo?». A través de la oración, encontramos que es imposible orar por las personas y mantenernos en la amargura y la indiferencia hacia ellas. Estamos conectados al corazón de Dios cuando oramos por la salvación de las almas.

ALENTAR LA EVANGELIZACIÓN EN LA IGLESIA LOCAL

Debemos reforzar regularmente esta conexión entre la soberanía de Dios y nuestra responsabilidad orando frecuentemente por las conversiones como iglesia y agradeciendo a Dios por ellas. Packer escribe: «Independientemente del lado que hayas tomado en debates sobre este asunto en el pasado, en tu corazón crees en la soberanía de Dios no menos firmemente que cualquier otra persona. De pie podemos tener argumentos al respecto, pero de rodillas todos estamos de acuerdo».[7] Afirmar constantemente la soberanía

---

7   Packer, *Evangelism*, 21.

de Dios y nuestra responsabilidad en la evangelización en oración ayuda a la iglesia a creer y vivir esto, incluso si no podemos articularlo perfectamente. Hacer de las oraciones por la conversión un elemento básico de nuestros tiempos juntos será de gran ayuda para crear una cultura de evangelización.

También debemos resaltar el papel de la oración en nuestra predicación. Romanos 9, un capítulo sobre la soberanía de Dios, es seguido por Romanos 10, un capítulo sobre nuestra responsabilidad. En medio de esta investigación de la soberanía de Dios y la instrucción para evangelizar, el apóstol Pablo ora por las conversiones (Ro. 10:1-4). La predicación del evangelio consistente, articulada y cuidadosa semana tras semana familiariza a la congregación con oír y entender el evangelio. De forma similar, destacar el rol de la oración les ayuda a entender el papel vital que desempeñan en el reino de Dios. Veremos que su confianza en el evangelio y la oración aumentará, junto con su capacidad para comunicar el evangelio a los no creyentes.

¿De dónde vienen los misioneros? Jesús parece pensar que provienen como resultado de que Dios responde nuestras oraciones: «La mies a la verdad es mucha, más los obreros pocos; por tanto, rogad al Señor de la mies que envíe obreros a su mies» (Lc. 10:2). Al orar por obreros, Dios levanta obreros del evangelio y nos recuerda a los que estamos inactivos que debe empezar por nosotros. Orar por el éxito en la evangelización es una oración por obreros del evangelio. Es crucial vincular ambas cosas en las mentes de los miembros de nuestra iglesia.

También deberíamos mantener constantemente las necesidades de cualquier obrero apoyado, enviado por nuestra congregación al frente, porque queremos que los miembros de nuestra iglesia sepan que llevan la carga de participar en la obra salvífica de Dios mediante la oración.

La estrategia evangelística de Dios en el mundo se arraiga en la iglesia local. La iglesia local le da a un mundo que observa un encuentro de primera mano con el amor, el perdón, la misericordia y la santidad de Dios. Por esta razón oramos por otras iglesias y pastores de nuestra zona en nuestras reuniones. Oramos para que Dios haga que estas iglesias crezcan para su gloria, y para que la gente escuche el evangelio por medio de ellas. Oramos para que Dios levante otros pastores que continúen fielmente esta obra evangelística, tanto a nivel local como en el extranjero.

Al orar juntos por arrepentimiento en nuestras vidas y en las vidas de aquellos que aún no conocen a Cristo, no solo hacemos algo con nuestro descontento. Hacemos lo correcto: oramos.

CONCLUSIÓN
La lucha contra las tentaciones

¿Ya estás convencido? La oración es un asunto más importante de lo que creemos. Es vital para la vida de nuestras iglesias. Espero que este corto recurso marque una diferencia en la manera en que tu iglesia ora y experimenta la fidelidad de Dios a través de la oración.

Habiendo leído libros sobre la oración antes, sé que la dificultad no está en comenzar a orar más. La dificultad está en mantener esta actitud. No es difícil empezar. Lo difícil es mantener los hábitos.

Con el paso de los años, he aprendido que no necesito enviar una encuesta o hacer un estudio de mercado sobre el tema de las tentaciones comunes de las personas. Simplemente tengo que mirar dentro de mi propio corazón y ver dónde he fallado a la hora de orar.

Por tanto, aquí tienes una lista de las tentaciones comunes a todos nosotros cuando se trata de practicar la oración en la vida de la iglesia. Gran parte de lo que se enlista abajo se ha dicho a lo largo del libro, así que piensa en esto como el inventario de lo que se ha colocado en la repisa durante el curso de estas páginas. Quiero reforzar estas realidades para que el camino que está por delante quede claro.

El primer paso en la lucha contra las tentaciones es exponerlas y nombrarlas. Así pues, trataré de ser tan sincero como conciso. El siguiente paso implica regresar un poco. Por lo que intentaré señalarte nuevamente el camino. Arrojémosle algo de pintura a este enemigo nuestro invisible para que no nos agarre por sorpresa. No ignoramos sus artimañas, así que expongámoslas por lo que son.

Tentación 1: Cancelar una reunión de oración.

Algo surgirá. Siempre pasa algo. Dios nos da el regalo de poder comunicarnos con él cuando sea y donde sea. Pensarías que esta clase de accesibilidad nos haría fervientes en la oración, pero no es así. Nos hace flexibles de una mala manera, siempre suponiendo que podemos sacar tiempo para ello más tarde. Si algo he aprendido durante veinte años de escuela como un profesional en postergar cosas, es que más tarde nunca llega tan pronto como creíste que lo haría.

Camino a seguir: No pospongas la prioridad de la oración. Del mejor modo que puedas, trata los tiempos de oración colectiva como tiempos inamovibles. La primera vez que cancelas una reunión de oración —o faltas a una— no es tan grave. Pero la segunda, la tercera y la cuarta vez empieza a decir algo sobre la prioridad de la oración en la vida de tu iglesia. No se nos da el regalo de la comunicación con Dios para hacer que encaje perfectamente con nuestros calendarios. Recibimos este acceso libre y frecuente a Dios porque siempre lo necesitamos. Por tanto, siempre deberíamos orar (véase 1 Ts. 5:17).

Ayudas a cimentar esta verdad en la vida de tu iglesia con tu persistencia en la oración y con tu presencia cuando la iglesia ora. No creo que muchos de nosotros luchemos con orar demasiado, o que otras prioridades queden en la nada porque asistimos a demasiadas reuniones de oración. Así que terminaré esto aquí. Pastor, no canceles las reuniones de oración. Cristiano, no faltes a ellas.

Tentación 2: Formar tu teología de la oración basándote en cómo Dios ha respondido tu oración más reciente.

¿Cuán a menudo nos hemos desanimado cuando Dios dice: «No»? Normalmente la renuncia empieza aquí. ¿Por qué molestarme en orar cuando la oración no funciona? «Oré sincera, consecuente y fielmente por la sanidad de un ser querido y, aun así, falleció. Dejaré de orar».

Camino a seguir: Haz un seguimiento de las cosas por las que has orado. Cada una de ellas. Pastor, así es cómo puedes ayudar a tu iglesia a perseverar. Cristiano, aquí es donde puedes ayudar a tu iglesia a mantener la fidelidad. Volver a revisar rutinariamente la lista de cosas por las que has orado puede ayudarte a ver lo fiel que realmente ha sido Dios, incluso de maneras que habías olvidado por completo. Al hacer esto, dejas un rastro para que tu iglesia recuerde la fidelidad de Dios cuando sienta que está en el desierto.

A veces en la vida de la iglesia, las oraciones no contestadas son tan útiles como las que fueron respondidas. Nos recuerdan que no estamos imponiendo nuestra voluntad a Dios. Él tiene el control. Nosotros hacemos peticiones, pero son solo eso: peticiones, no exigencias. Él tiene una mejor perspectiva de las cosas que nosotros, así que le agradecemos a *posteriori* por cada oración contestada o dejada sin contestar. Orar es dejar la dirección de nuestras vidas en las manos de Dios. Nueve años de oración por hijos hicieron que la adopción de nuestra bebé fuera mucho más dulce, especialmente cuando compartimos lo que Dios había hecho. Por medio de esta experiencia vimos a cientos —si no miles— de personas que nos acompañaron durante años regocijarse en la fidelidad de Dios.

En 2015, en la noche del domingo en el que nos constituimos como iglesia, en una de las temporadas más oscuras juntos, iniciamos nuestro tiempo leyendo una lista de las veinticinco cosas por las cuales habíamos orado constantemente durante los últimos ocho meses en relación con el éxito de la iglesia y el establecer un testimonio del evangelio en el *West End* de Atlanta. Luego leímos las veinticinco maneras en las que Dios sobrepasó cada expectativa. Nuestra meta no era enseñar que Dios nos da todo lo que pedimos, si pedimos con la determinación suficiente. El objetivo fue resaltar la fidelidad de Dios en temporadas de sufrimiento porque es fácil para nosotros olvidar. Es como la moneda que bloquea el sol porque está demasiado cerca del ojo de uno. Mantén un registro de la fidelidad de Dios, y ayuda a tu iglesia a quitar la moneda de vez en cuando.

Tentación 3: Individualizar lo que Dios ha diseñado para ser comunitario.

El hecho de que podemos orar en privado no significa que solo debamos orar de esta manera. Aunque la oración es a menudo una tarea individual, deberíamos involucrar a otros regular y rutinariamente. Si nos cuesta orar, la tendencia es escondernos.

Camino a seguir: No tengas temor de usar pronombres plurales en tus oraciones, especialmente en las reuniones de la congregación. Usar pronombres plurales en reuniones colectivas le recuerda a la iglesia que somos participantes y no meramente espectadores cuando nos reunimos. Usar pronombres plurales en la oración privada nos ayuda a recordar que no somos meramente individuos, sino también parte de una familia. Nombres, caras y sonrisas, no solamente siluetas, deberían venir a la mente cuando pensamos en «nosotros». Esto es lo hermoso de unirnos a una iglesia local. Esas siluetas se llenan con personas específicas y sus necesidades específicas.

Orar juntos, incluso al confesar pecados, es la receta de Dios para experimentar libertad. Nos hace humildes. Esa es la razón por la que Santiago escribe que debemos confesar nuestro pecado unos a otros y orar los unos por los otros para que seamos sanados (véase Stg. 5:16). Mi buen amigo John Henderson señala que el motivo por el cual Dios nos dice que nos confesemos mutuamente se debe a que lo que nos impide confesar nuestros pecados es exactamente lo que nos mantiene atrapados en ese pecado (por ejemplo, el orgullo, el temor al hombre, el ego). Estos son los pecados que yacen bajo la superficie. Involucrar a otros en nuestras oraciones, especialmente las de confesión, es el gran regalo de libertad de Dios para nosotros.

Tentación 4: Suponer que las personas saben qué es orar y cómo deberían hacerlo.

Este es el tambor que he estado tocando durante las últimas cien páginas. Solo porque la oración sea necesaria no quiere decir que nos salga de manera natural.

Camino a seguir: No pierdas la oportunidad de enseñar a otros a orar. Aunque puedas ser un excelente orador que no requiere mucha preparación antes de dirigir oraciones públicas, por favor, entiende que los oradores que improvisan tal vez no den los mejores ejemplos a seguir. De nuevo, no te estoy diciendo que escribas oraciones y las leas. Te estoy diciendo que te prepares de antemano para que el resto de la iglesia sea edificada y tu oración sea un ejemplo para ellos.

Cuando se trata de cantar, todos quieren una canción compuesta. Pero cuando se trata de la oración, muchos insisten en improvisar. El preparar oraciones con anticipación no es un enemigo de la autenticidad. Es un aliado de la claridad y una expresión de amor, no solo por Dios, sino por los demás. Redactar oraciones con anterioridad y ofrecerlas a Dios en presencia de su pueblo no es menos genuino que escribirle una carta a tu esposa y entregársela el día siguiente. Las palabras de la carta son sinceras. Es posible que ella incluso aprecie más el hecho de que te tomaste el tiempo para clarificar tus ideas y ponerlas en papel. La preparación ayuda a comunicar tu corazón claramente.

No solo enseñamos a las personas proposicionalmente, sino prácticamente. Aprende a incorporar la pregunta: «¿Cómo puedo orar por ti?» cada vez que escuches un problema o una inquietud. Deja que los problemas, las preocupaciones o incluso las cejas fruncidas se conviertan en un detonador para que hagas esta pregunta. Ya que podemos orar a Dios cuando sea, no aplaces cumplir la petición. Hazlo en el acto, y ayudarás a otros a aprender la utilidad de la oración. Los niños aprenden lo que es un perro al ver que alguien les señala uno cuando pasa junto a ellos, no buscando la palabra *perro* en el diccionario. Aprenden en el contexto de la vida real. Orar funciona del mismo modo. Está bien leer un libro sobre la oración. Liberar las cargas unos a otros y llevarlas juntos a Dios es mejor.

Tentación 5: Medir la efectividad de tu reunión de oración por la cantidad de personas que asisten.

Esta tentación, especialmente en nuestra cultura orientada hacia los resultados, es una de las más difíciles de superar. Si te encuentras luchando durante meses o años con el hecho de que solo unas pocas personas asisten a las reuniones de oración, es fácil pensar que estás haciendo algo mal. Sentirás la tentación de creer que necesitas innovar.

Camino a seguir: Piensa de manera intencional, no en la innovación. La mejor forma que conozco de ser intencionales es orar por todo. Deja que le tentación de la preocupación sirva como la alarma divina del reloj que te recuerda que es el momento de orar. Tendrás muchas de estas al día. No esperes hasta la reunión de oración para orar con otros. A veces son las oraciones consistentes, apasionadas y repetidas fuera de la reunión de oración las que sirven como el combustible del encendedor que hace que nuestros fríos corazones se calienten lo suficiente para orar con otros.

Además, prepárate para estar decepcionado. Es probable que la reunión de oración cuente con poca asistencia, al menos inicialmente, pero sigue luchando. Si solo tienes una que otra persona, es una reunión de oración. No seas tan rápido para rendirte ni suponer que algo debe cambiar. Quizás algo necesite modificarse, o tal vez solo necesites seguir siendo fiel. Sé obediente a lo que Dios nos ha llamado a hacer como iglesia, y siembra esas semillas. Dios dará el crecimiento a su debido tiempo.

Cultivar la oración en la vida de la iglesia es un maratón, no un sprint. Es como el proceso de una bellota convirtiéndose en un roble. Toma mucho tiempo y mucho trabajo ordinario que no es reconocido ni agradecido. Muchos elementos externos trabajan contra su cultivación en la vida de la iglesia; ninguno más evidente que la prosperidad.

La oración a menudo prospera donde existe la persecución. La ausencia de tiempos difíciles cultiva un sentido de autosuficiencia que nos lleva a creer que tenemos todo lo que necesitamos. No te rindas. Recuérdale a la iglesia que necesita desesperadamente a Dios, y luego haz todo lo que puedas para llevarlos frente a su puerta a través de la oración. Prepárate para no tener un seguimiento masivo al principio. Acepta esto. El poder de nuestras oraciones no se encuentra en el número de personas que oran, sino en la disposición de Aquel a quien oramos.

LA VIDA ÚTIL

La oración, tal y como enseña Jesús en la oración del Padre Nuestro, es un producto perecedero. No pienses que su modelo es un alimento enlatado diseñado para que dure eternamente. Más bien, piensa en una hogaza de pan recién hecho que tiene vida útil. Estoy hablando de pan de verdad, no de esos panecillos de comida rápida que se abrirán paso hasta el fin de los tiempos porque nunca expiran. La utilidad de la oración está diseñada para esta vida. En la tierra nueva no necesitaremos orar como se nos ha enseñado aquí; invocando a Dios para que nos cumpla sus promesas. En la eternidad nos deleitaremos en su fidelidad; ya no tendremos que *pedir* que venga pronto y cumpla las promesas que nos ha hecho. La Biblia no termina con una oración, sino con una bendición. Apocalipsis 20:20 es una oración para que el Señor venga pronto, y luego el versículo 21 sigue con un pronunciamiento de bendición y gracia para aquellos de nosotros que le esperamos.

«Padre nuestro que estás en los cielos, santificado sea tu nombre» (Mt. 6:9). Le agradeceremos por esta realidad *por siempre*, pero no tendremos razón para ofrecer esta oración como una *petición*. ¡Dios morará con nosotros! Cielo y tierra se encontrarán, y su nombre será honrado por todos durante toda la eternidad.

«Venga tu reino. Hágase tu voluntad, como en el cielo, así también en la tierra» (Mt. 6:10). Esto ya se habrá cumplido. No en un sentido *ya pero todavía no*, sino en un sentido realizado, completo y pleno. No habrá necesidad de esperar una profecía posterior. No existirán más enemigos que intenten derribar su reino. Nos regocijaremos en que esto ya haya pasado. No necesitaremos pedir que esto ocurra.

«El pan nuestro de cada día, dánoslo hoy» (Mt. 6:11). Estaremos por siempre cara a cara con el Pan de Vida.

«Y perdónanos nuestras deudas, como nosotros también perdonamos a nuestros deudores» (Mt. 6:12). Habremos experimentado la culminación de esta verdad y ya no necesitaremos que Jesús perdone nuestros pecados. Viviremos en ese perdón sin la constante necesidad de perdonar a otros porque todos seremos hechos perfectos. Nuestra capacidad para pecar será quitada completamente.

«Y no nos metas en tentación, mas líbranos del mal» (Mt. 6:13). Satanás pasará la eternidad en el lugar de tormento eterno preparado para él, mientras que nosotros estaremos seguros en el hogar que nuestro amoroso Padre preparó para nosotros. Habrá una separación infinita entre nosotros y el enemigo de nuestras almas. Él no tendrá acceso a nosotros.

Todas las *peticiones* en el Padre Nuestro serán innecesarias en el cielo. Dios ya habrá provisto todo lo que necesitamos. Solo tendremos que pasar el resto de la eternidad agradeciéndole.

Cuando Cristo nos enseña cómo orar, lo hace pensando en un mundo fracturado. Como el maná creado para ser consumido ese mismo día, la oración (como se ha comentado aquí: el pueblo de Dios invocando a Dios para que cumpla las promesas de su pacto) tiene una vida útil. Su utilidad no se extiende hasta el mañana que es la eternidad. Así que no esperes hasta mañana para usarla. La tienes hoy. Ahora mismo tienes aire en tus pulmones. Por tanto, respiremos profundamente, respiremos a menudo y respiremos juntos.

ÍNDICE DE CITAS BÍBLICAS

 **9Marks**

Construyendo Iglesias saludables

¿TU IGLESIA ES SALUDABLE?

El propósito de 9Marks es equipar a los líderes de la Iglesia con una visión bíblica y recursos prácticos para mostrar la gloria de Dios a las naciones a través de iglesias saludables. Para ello, queremos ayudar a las iglesias a crecer en nueve marcas de salud que a menudo se pasan por alto:

1. Predicación expositiva.
2. Teología bíblica.
3. Un entendimiento bíblico de la buenas nuevas.
4. Un entendimiento bíblico de la conversión.
5. Un entendimiento bíblico del evangelismo.
6. Un entendimiento bíblico de la membresía.
7. Disciplina bíblica en la Iglesia.
8. El discipulado y el crecimiento bíblico.
9. Liderazgo bíblico en la Iglesia.

En 9Marks escribimos artículos, libros, reseñas de libros y un diario en línea.

Organizamos conferencias, grabamos entrevistas y producimos otros recursos para equipar iglesias para mostrar la gloria de Dios.

Visita nuestro sitio web para encontrar contenido en más de 30 idiomas y regístrate para recibir nuestra revista en línea de forma gratuita. Consulta el listado de nuestro sitio web en otros idiomas en:

9marks.org/about/international-efforts

Inglés: 9marks.org | Español: es.9marks.org